Eine Sammlung interaktiver Übungsideen

herausgegeben von Christopher Sion

übersetzt und bearbeitet von
Barbara Huter und Susanne Schauf

Claudia Hahn
Kupferstraße 5
5100 Aachen

6/93

Ernst Klett Verlag für Wissen und Bildung
Stuttgart · Dresden

88 UNTERRICHTSREZEPTE ITALIENISCH

Eine Sammlung interaktiver Übungsideen

herausgegeben von Christopher Sion
mit Beiträgen von Seth Lindstromberg

Die Unterrichtsrezepte sind folgenden Werken entnommen:

Recipes For Tired Teachers, Edited by Christopher Sion, Addison-Wesley Publishing Company, Inc., 1985: 3; 5; 7; 8; 9; 11; 13; 15; 17; 19; 20; 21; 22; 23; 24; 25; 26; 27; 29; 31; 34; 35; 36; 40; 41; 42; 43; 46; 47; 48; 51; 52; 54; 55; 63; 64; 66; 67; 68; 69; 70; 72; 74; 75; 77; 78; 81; 85; 86; 87; 88.

More Recipes For Tired Teachers, Edited by Christopher Sion, Addison-Wesley Publishing Company, Inc. 1991: 1; 4; 10; 14; 16; 18; 28; 30; 32; 33; 38; 39; 44; 45; 50; 53; 56; 57; 58; 59; 60; 61; 62; 71; 76; 79; 80; 82; 84.

The Recipe Book (Pilgrims Longman Resource Books) Edited by Seth Lindstromberg, Longman Group UK Limited 1990: 2; 6; 12; 37; 65; 83.

Bildquellen: Bavaria: Ron Chapple (37,2), Rob Gage (37,1), Jim Whitmer (38,1); Fototex: Color Box (38,2), J.M. Lützmann (37,3), J. Wandmacher (38,3).

Gedruckt auf Recyclingpapier, hergestellt aus 100% Altpapier.

1. Auflage   1 5 4 3 2 1 | 1998 97 96 95 94
Alle Drucke dieser Auflage können im Unterricht nebeneinander benutzt werden,
sie sind untereinander unverändert. Die letzte Zahl bezeichnet das Jahr dieses Druckes.
© Ernst Klett Verlag für Wissen und Bildung GmbH, Stuttgart 1993
Alle Rechte vorbehalten.

Zeichnungen: Stefano Buti, Pia Lizzadro, Bonnie Chayes Yousefian
Einbandgestaltung: Dieter Gebhardt
Mitarbeit: Elisabetta Nöldeke

Die Vervielfältigung der gekennzeichneten Seiten ist für den Unterrichtsgebrauch gestattet.
Die Kopiergebühren sind im Preis enthalten.
Druck: Druckerei Gutmann+Co., Heilbronn. Printed in Germany.
ISBN 3-12-526240-2

VORWORT

Die in diesem Buch enthaltene Sammlung von „Rezepten" entstammt dem reichen Erfahrungsschatz, den Lehrer des Sprachinstituts Pilgrims (Universität Kent) in vielen Ländern der Erde erworben haben.

Diese mehrfach erprobten und methodisch fundierten Aktivitäten wurden für den Italienischunterricht deutschsprachiger Lerner adaptiert und mit entsprechenden Musterbeispielen und Kopiervorlagen versehen, so daß sie unmittelbar im Italienischunterricht in der Erwachsenenbildung und an allgemeinbildenden Schulen verwendet werden können.

Den vorliegenden Unterrichtsrezepten liegt die Überzeugung zugrunde, daß echte, lebendige Kommunikation nur dann stattfindet, wenn ein entsprechendes Äußerungsbedürfnis (vgl. *information gap*) besteht. Daher sind die Übungen so angelegt, daß sie echte Sprechanlässe im Klassenraum schaffen und nicht nur die Simulation von fiktiven Situationszusammenhängen darstellen. Denn nur das, was mit einer realen Erfahrung verbunden ist, bleibt nachhaltig im Gedächtnis haften.

Überzeugt sind die Autoren dieses Buches auch davon, daß ein vielfältiges und abwechslungsreiches Angebot an Sozial- und Übungsformen (Gruppenarbeit, Partnerarbeit, Einzelarbeit; Aktivitäten mit Bewegung, mit Zeichnen, mit Bildmaterial etc.) der Vielfalt der Lerntypen entspricht und dem Erfordernis eines möglichst ganzheitlichen Lernens entgegenkommt.

Schließlich wurde bei der Zusammenstellung dieser Sammlung darauf geachtet, daß alle Fertigkeiten in dem ihnen gebührenden Maß berücksichtigt werden, um so den Umgang mit der Sprache mehrgleisig einzuüben.

Hier einige Erläuterungen zu den Angaben im Inhaltsverzeichnis:

1. Die Übungen sind nach dem Lernniveau gestuft:
   * bedeutet, daß die Übung innerhalb des 1. Lernjahrs eingesetzt werden kann, d.h. parallel zur ersten Hälfte des ersten Bandes eines (zweibändigen) Lehrwerks. Mit
   ** gekennzeichnete Übungen sind für das 2. Lernjahr vorgesehen (zweiter Teil des ersten Lehrbuchbandes);
   *** entsprechen dem Lernniveau des 3. und 4. Lernjahrs (zweiter Band des Lehrwerks), während
   **** an Übungen vergeben wurden, die in sogenannten Nachzertifikats- bzw. Konversationskursen sinnvoll eingesetzt werden können.

Wenn mehrere Niveaus angegeben werden, ist davon auszugehen, daß die Übung bereits auf dem niedrigeren Niveau machbar ist, jedoch von den weiter fortgeschrittenen Lernern besser ausgeschöpft werden kann.

2. Dementsprechend wird auch die Dauer variieren. Die angegebenen Zeiten sind – insbesondere in den eben erwähnten Fällen – nur als Richtwerte zu verstehen.

3. Die für Material und Vorbereitung verwendeten Symbole bedeuten folgendes:
   △ keinerlei Vorbereitung;
   ▲ die Vorbereitung beschränkt sich auf das Mitbringen von Stiften oder auf das Kopieren einer vorhandenen Kopiervorlage (KV);
   ▲ die Vorbereitung beinhaltet das Beschriften von Kärtchen, die Suche nach geeignetem Bildmaterial etc.

Und noch ein Hinweis: Wenn in diesem Buch von „Lernern" die Rede ist, so sind natürlich Lernerinnen und Lerner gemeint. Wir haben uns auf die eine traditionelle Form beschränkt, um das Lesen der Texte nicht durch schwerfällige Formulierungen zu belasten. Wir bitten alle Leserinnen um Verständnis.

Zum Abschluß noch einige Tips:
- Die meisten der in diesem Buch enthaltenen Übungen sehen Partner- oder Gruppenaktivitäten vor. Während die Lerner arbeiten, gehen Sie umher, greifen bei Bedarf helfend ein und versuchen, nach Möglichkeit das Arbeitstempo in den einzelnen Gruppen gleichmäßig zu halten.
- Die meisten schriftlichen Tätigkeiten (z.B. Textproduktion und kreatives Schreiben) können sowohl im Unterricht als auch als Hausarbeit durchgeführt werden.
- Bei einem Großteil der Wortschatzarbeit kann das Wörterbuch benutzt werden, auch wenn dies nicht immer eigens erwähnt wird.
- Achten Sie darauf, daß sich die Übungen nicht zu lange hinziehen. Brechen Sie die Übung ab, bevor das Interesse der Lerner erlahmt.
- Überlegen Sie genau, welche Übung für welchen Kurs geeignet ist. Lassen Sie Diskussionen nicht zu persönlich werden, wenn Sie nicht sicher sein können, daß die entsprechende Bereitschaft vorhanden ist.
- Seien Sie behutsam beim Korrigieren von Fehlern. Vermeiden Sie alles, was die Lerner frustriert und mutlos macht. Versuchen Sie, sie durch indirekte Korrektur oder eigenes Herausfinden von Fehlern zu den richtigen Antworten zu führen.
- Sparen Sie nicht mit Lob und Anerkennung, wenn sich die Lerner intensiv bemühen, wenn sie gut arbeiten und wenn sie richtige Ergebnisse erzielen. Lob hat für die Motivation einen unschätzbaren Wert.

Zuletzt sei noch gesagt, daß diese Rezepte zwar in gebrauchsfertiger Form vorliegen, daß aber Sie der Küchenchef sind. Würzen Sie nach Belieben, variieren Sie nach Bedarf und bereiten Sie ein Mahl, das Ihren Bedürfnissen und denen Ihrer „Gäste" entspricht. Wir wünschen Ihnen gutes Gelingen!

INHALTSVERZEICHNIS

Nr.	Niveau	Lernziele und Lerninhalte	Fertigkeiten	Zeit in Min.	Material/ Vorbereitung	Idee von	Seite
1	∗	Persönliche Fragen stellen und beantworten	Sprechen	10-15	▲	René Bosewitz	9
2	∗	Einstimmung in die Kurssituation	Übersetzen	10	△	Tessa Woodward	10
3	∗	Über den Tagesablauf berichten; Gr.: *passato pross.*	Schreiben	40	▲	Lou Spaventa	11
4	∗	Gehörtes wiedergeben; Gr.: refl. Verben i. Präsens oder *passato prossimo*; Präp.	Sprechen Hören	30-60	▲	Jeremy Smith	12
5	∗	Wortschatz, Sätze bilden	—	30	▲	Christine Frank	13
6	∗	Gr.: versch. Zeitformen; Syntax	Sprechen	5-25	▲	Tessa Woodward	14
7	∗	Situationsgerechte Fragen stellen	Sprechen	35	▲ KV	Mario Rinvolucri	15
8	∗ Var: ∗∗	Situationsgerechte Fragen stellen, Var: spekulieren	Sprechen	45	▲ Var: △	Rick Haill	19
9	∗	Verabredungen treffen; Wochentage, Uhrzeit	Sprechen	30	▲ KV	Derek Risley	20
10	∗	Vorlieben und Abneigungen äußern, erzählen	Sprechen	20-30	▲ Var: △	Marie Docherty	22
11	∗	Anweisungen geben und ausführen; Gr.: Imperativ und Ortsadverbien	Sprechen Hören	20	▲	Joanna Sancha	23
12	∗	Gr.: *c'è/ci sono*; Wortschatz: Wohnen, Farben, Var: Natur	Sprechen	10	▲ KV	Tessa Woodward	24
13	∗	Informationen austauschen und zusammenfassen; Gr.: *passato prossimo*	Hören Sprechen Schreiben	40	▲ KV	John Morgan	27
14	∗ Var: ∗∗ bis ∗∗∗∗	Rechtschreibung und Aussprache; Var: Wortakzent	—	45	△ Var: ▲	Loren McGrail	30
15	∗	Liedtext rekonstruieren	Lesen Hören	20-30	▲	Christopher Sion	32
16	∗	Spiel: Wortschatzwiederholung (Körperteile)	Sprechen Hören	10-15	△	Sid Phipps	33
17	∗	Spiel: Fragen stellen, Wortschatz	Sprechen	15	△	M. Lavery I. Butcher	34
18	∗	Spiel: Üben von Zahlen, rechnen	Sprechen	15-20	▲	Peter Schimkus	35

Nr.	Niveau	Lernziele und Lerninhalte	Fertigkeiten	Zeit in Min.	Material/ Vorbereitung	Idee von	Seite
19	∗ bis ∗∗∗	Erstellen von Dialogen, begründen, spekulieren	Sprechen	20	▲ KV	Christine Frank	36
20	∗ bis ∗∗∗	Fragen stellen und beantworten; Gr.: *c'è/ci sono*	Sprechen	30-45	▲	Saxon Menné	39
21	∗ bis ∗∗∗∗	Wortschatz	—	25	▲	Mike Lavery	40
22	∗∗	Über sich berichten, spekulieren	Sprechen Hören	30-40	△	Malachy Mulholland	41
23	∗∗	Persönliche Fragen stellen und beantworten	Sprechen Hören	20-40	△	Mario Rinvolucri	42
24	∗∗	Fragen stellen und beantworten	Sprechen	5-20	▲	John Pint	43
25	∗∗	Beschreiben, beurteilen, begründen	Lesen Sprechen	40	▲	David Hill	44
26	∗∗	Begründen, spekulieren	Sprechen	30-40	△	John Morgan	45
27	∗∗	Über eigene Interessen sprechen; Wortschatz: Hobbys	Sprechen Schreiben	30-40 und 15-20	△	Chris Mills	46
28	∗∗	Über Vorurteile diskutieren; Wortschatz: Berufsbezeichnungen, Adjektive	Sprechen	P.1-4: 25; P.5: 20-30	▲ KV	Claudia Kniep	47
29	∗∗ Var: ∗	Fragen stellen u. beantworten; Gr.: *passato prossimo*, Zeitangaben	Sprechen	45	△	Christopher Sion	49
30	∗∗	Grammatikarbeit (nach Wahl der Lerner)	Sprechen	15	▲	Rakesh Bhanot	50
31	∗∗	Gegenstände beschreiben, Vermutungen ausdrücken	Sprechen	20	▲	S. Menné Ch. Frank	51
32	∗∗	Wortschatzarbeit	Sprechen	P.1-4: 15-20; P.5+6: 20	▲	Michèle Meyer	52
33	∗∗	Begriffe umschreiben, definieren; Wortschatzwiederholung	Sprechen	15-30	▲	Loren McGrail	53
34	∗∗	Beschreiben, Vermutungen anstellen, eine Geschichte erzählen	Sprechen	30	▲ KV	Ian Butcher	54
35	∗∗	Vermutungen anstellen, begründen, einen Brief schreiben; Handschriften entziffern	Lesen Sprechen Schreiben	30-45	▲ KV	Cynthia Beresford	56
36	∗∗	Textsortenspezifische Ausdrucksweise (Telefon, Telegramm, Brief)	Schreiben Sprechen	60	▲ KV	Mario Rinvolucri Cynthia Beresford	59

Nr.	Niveau	Lernziele und Lerninhalte	Fertigkeiten	Zeit in Min.	Material/ Vorbereitung	Idee von	Seite
37	**	Schreibfertigkeit: Briefe schreiben, Var 3: diktieren	Schreiben	20-60	▲	Judith Baker	61
38	**	Erstellen von situationsgerechten Dialogen (schriftlich und mündlich)	Schreiben Sprechen	60	▲	David Cranmer	62
39	**	Kreatives Schreiben: Phantasiedialog erstellen	Schreiben Sprechen	40	△	David Cranmer	63
40	**	Beschreiben, freies Sprechen; Wortschatz: Wohnen	Sprechen	50	△	John Morgan	64
41	**	Beschreiben, räumliche Beziehungen erklären; Wortschatz: Wohnen; Gr.: Ortsadverbien und -präp.	Sprechen Hören	45-60	▲	Diane Fitton	65
42	**	Beschreiben, begründen, Fragen stellen und beantworten	Sprechen	10-30	▲	Randal Holme	66
43	**	Beschreiben; Wortschatz: Geografie; Gr.: Ortsangaben	Sprechen Hören	30-50	▲ KV	Randal Holme	67
44	**	Informationen erfragen, Anweisungen geben, Ortsangaben machen; Gr.: Ortsadverbien und -präp.	Sprechen	15	▲	Randal Holme	69
45	**	Sätze bilden, Wortschatzarbeit	Schreiben	30-40	▲	Bryan Robinson	70
46	**	Selektives Hören, Notizen machen	Hören Schreiben	40	▲	John Overton	71
47	**	Fragen zu einem Text stellen und beantworten Var: Lesen	Hören Sprechen	30-40	▲	Frances Krish	72
48	**	Notizen machen, Text zusammenfassen	Hören Schreiben	40	▲	Sonia Taylor	73
49	**	Ratschläge erteilen; Wortschatz: Gesundheit	Sprechen	30	▲ KV	Frieda Paschael	74
50	**	Informationen erfragen u. erteilen; Gr.: Verwandtschaftsnamen, Possessivum	Sprechen	P.1-5: 30; P.6: 30	▲ KV	Ray Janssens	76
51	**	Scherzfragen und Antworten kombinieren	—	10	▲ KV	Heidi Yorkshire	78
52	** bis ***	Personen beschreiben und identifizieren Var: Lesen + Schreiben	Sprechen Hören	30-40	▲	Sandra Moulding	80
53	** bis ****	Mündl. Erfahrungsaustausch, schriftl. Meinungsäußerung zum Thema „Telefonieren"	Sprechen Schreiben	P.1+2: 30; P.3: 30	▲ KV	Christopher Sion	82
54	** bis ****	Grammatikarbeit (nach Wahl der Lerner) und situationsgerechtes Sprechen	Sprechen	20	△	Marjorie Baudains	84

Nr.	Niveau	Lernziele und Lerninhalte	Fertigkeiten	Zeit in Min.	Material/ Vorbereitung	Idee von	Seite
55	★★ bis ★★★★	Satzbau	—	15-30	△	Peter Schimkus	85
56	★★ bis ★★★★	Hörverstehen und Nacherzählen	Hören Sprechen	ca. 60	▲	Eugene Stemp	87
57	★★ bis ★★★	Kursorisches Lesen, Hörverstehen, Gehörtes identifizieren	Lesen Hören	20	▲	Allan Ryding	88
58	★★ bis ★★★★	Vervollständigung eines Textes; gezielt ausgewählte Grammatik- oder Wortschatzarbeit	Lesen	30	▲ KV	Margrit Wehrli	89
59	★★ bis ★★★★	Vokabelwiederholung (nach indiv. Wahl der Lerner); freie Textproduktion	Schreiben Sprechen	30	▲	Denny Packard	92
60	★★ bis ★★★★	Kreatives Schreiben: freie Textproduktion	Schreiben	30	▲	Claudia Kniep	93
61	★★ bis ★★★	Wortschatzarbeit und Textproduktion	Schreiben	2 x 20-30	1. Std.: △ 2. Std.: ▲	Bryan Robinson	94
62	★★ bis ★★★★	Wortschatzarbeit und Textproduktion	Schreiben	60-90	▲	Roy Sprenger	95
63	★★★	Über Unterrichtserwartungen sprechen; Ansichten äußern	Sprechen	45	▲ KV	Joan Hewitt	96
64	★★★	Syntaktisch korrekte Sätze bilden	—	60	▲	Marjorie Baudains	98
65	★★★	Leseverstehen; Analysieren und Konstruieren von Sätzen	—	15-45	▲	J. und D. Willis	99
66	★★★	Wortschatz (Wörter, die man leicht verwechselt)	—	50-60	▲	Rick Haill	100
67	★★★	Konditional / Bedingungssatz	Sprechen	20	△	Ian Butcher	101
68	★★★	Konsequenzen aufzeigen, Hypothesen bilden; Gr.: Bedingungssatz	Sprechen	20	△	Mike Levy	102
69	★★★	Textproduktion, Grammatikwiederholung, Rechtschreibung	Schreiben Sprechen Lesen	2x30	1. Std.: △ 2. Std.: ▲	Mike Perry	103
70	★★★	Beschreiben	Hören Sprechen	20	▲	Miranda Britt	104
71	★★★	Vermutungen ausdrücken und begründen; Werbetext erstellen	Sprechen Schreiben	30	▲	Mike Lavery	105
72	★★★	Werbetext formulieren und mündlich vortragen	Schreiben Sprechen	15-30	▲	Lou Spaventa	106

Nr.	Niveau	Lernziele und Lerninhalte	Fertigkeiten	Zeit in Min.	Material/ Vorbereitung	Idee von	Seite
73	★★★	Werbetext erstellen: informieren und überzeugen	Sprechen	30	▲	Nancy Osmond	107
74	★★★	Textrekonstruktion und Textproduktion	Schreiben Lesen	50	▲	Chris Smith	108
75	★★★	Kursorisches Lesen	Lesen	40	▲	Paul Cammack	109
76	★★★ bis ★★★★	Fragen zum Textverständnis formulieren und beantworten; Benutzung eines einsprachigen Wörterbuchs	Lesen	2x60	▲	Pat Charalambides	110
77	★★★	Probleme diskutieren, Ratschläge erteilen; Briefe beantworten	Lesen Sprechen Schreiben	30-45	▲ KV	Mike Levy	111
78	★★★	Vorlieben äußern, Vermutungen anstellen, Begründungen geben	Sprechen	60	▲	David Hill	113
79	★★★	Behaupten und abstreiten, diskutieren	Sprechen	30	▲	Mike Lavery	114
80	★★★	Kursorisches und intensives Lesen; gezielt ausgewählte Grammatik- oder Wortschatzarbeit	Lesen Sprechen	30	▲	Marjorie Baudains	115
81	★★★	Hörverstehen, Erkennen und Wiedergeben affektiv geprägter Ausdrücke, Registerbestimmung; Intonation	Hören Sprechen	45-60	▲	Jane Lockwood	116
82	★★★ bis ★★★★	Hörverstehen, Notizen machen, rekonstruieren, zusammenfassen	Hören Schreiben	60	▲	René Bosewitz	117
83	★★★ bis ★★★★	Hörverstehen, Nacherzählen	Hören Sprechen	60-70	▲ KV	Judith Baker	118
84	★★★★	Wortschatzerweiterung; Benutzung eines zweisprachigen Wörterbuchs	Übersetzen Lesen	60-90	▲	Martin Worth	119
85	★★★★	Diskutieren	Sprechen	20	▲	Christine Frank	120
86	★★★★	Vergangenes berichten, begründen, überzeugen (Rollenspiel)	Hören Sprechen	60	▲ KV	Jim Brims	121
87	★★★★	Hörverstehen, Märchenschluß erfinden	Hören Schreiben Sprechen	20-40	▲	Mo Strangemann	123
88	★★★★	Textproduktion	Schreiben Lesen	30	▲	Jean-Paul Creton	125
Minirezepte							126
Register							127

1

NIVEAU: ★

LERNZIELE: persönliche Fragen stellen und beantworten, sich vorstellen

Diese Übung eignet sich nur für die erste Unterrichtsstunde eines neu zusammengesetzten Kurses.

VORBEREITUNG:

1. Bringen Sie Tücher mit. Sie brauchen je eines pro Teilnehmer.
2. Außerdem benötigen Sie einen großen Unterrichtsraum. Schieben Sie die Möbel zur Seite, damit sich die Lerner – mit verbundenen Augen – gefahrlos bewegen können.

UNTERRICHTSVERLAUF:

1. Erläutern Sie den Übungsablauf: Die Lerner sollen mit verbundenen Augen durch den Raum gehen. Wenn sie jemanden berühren, stellen sie drei Fragen, um etwas über die betreffende Person zu erfahren. Direkte Fragen wie *Come ti chiami?* oder *Lei chi è?* sind jedoch nicht erlaubt.

Hier ein Beispiel:

Maria stößt auf Walter. Die Augenbinden werden nicht abgenommen, und Maria fragt:
Quanti anni hai/ha?
Hai/Ha fratelli e sorelle?
Che cosa hai/ha fatto sabato sera?

Walter antwortet und stellt dann seinerseits Fragen an Maria:
Che tipo di musica ti/Le piace?
Sei/È ottimista o pessimista?
Hai/Ha visto il film «Morte a Venezia»?

Empfehlen Sie den Lernern, insbesondere auf die Stimmen zu achten, da sie die Personen später an den Stimmen wiedererkennen sollen.

2. Verteilen Sie die Tücher und bitten Sie die Lerner, entsprechend Punkt 1 vorzugehen. Spielen Sie selbst nicht mit, übernehmen Sie vielmehr die Rolle des Spielleiters und helfen Sie, wenn es sprachliche Schwierigkeiten gibt.

3. Nach etwa zehn Minuten nehmen die Lerner ihre Augenbinden ab. Sie stellen sich nun reihum mit Namen vor. Die anderen achten insbesondere auf die Stimme, und wenn sie sie erkannt haben, erzählen sie, was sie bereits von dieser Stimme im Spiel erfahren haben. Die betreffende Person kann dann sagen, ob die gegebenen Informationen korrekt sind oder nicht. Das Spiel wird so lange fortgesetzt, bis sich jeder vorgestellt hat.

NIVEAU: *

LERNZIELE: Einstimmung in die Kurssituation (Aufwärmphase)

Diese Übung vermittelt einen sanften Übergang vom deutschsprachigen Alltag in eine Klassenzimmersituation, in der plötzlich italienisch gesprochen werden soll.

UNTERRICHTSVERLAUF:

1. Laden Sie die Lerner ein, der Reihe nach an die Tafel zu kommen und auf deutsch (oder in einer anderen Muttersprache) einen Satz oder ein Wort aufzuschreiben, mit dem sie spontan zum Ausdruck bringen, wie sie sich gerade fühlen, wie der Tag gelaufen ist oder was sie auch immer gerade sagen mögen.
Beispielsweise könnten Äußerungen wie diese an die Tafel geschrieben werden:
Ich habe heute keine Lust! Ich bin müde! Ich freue mich, hier zu sein. Ich habe Durst. So eine Hitze! usw.

2. Wenn einige dieser Äußerungen an der Tafel stehen, fragen Sie die Lerner, ob sie den einen oder anderen Satz auf italienisch sagen und an die Tafel schreiben möchten.

3. Nun geht beispielsweise Lerner A an die Tafel und schreibt an die entsprechende Stelle: *Sono contento/a di essere qui.* Dann fragt er/sie den Schreiber des Satzes *Ich freue mich ...*, ob er/sie mit der Übersetzung einverstanden ist. Wenn ja, löscht er/sie den deutschen Satz. Auf diese Weise werden die deutschen Sätze nach und nach durch italienische ersetzt.

4. Nun kann jeder und jede den einen oder anderen Satz, der seiner/ihrer Verfassung entspricht, an andere Teilnehmer richten und laut kundtun. Auf diese Weise gehen die Lerner dazu über, italienisch zu sprechen. Sie äußern dabei ihre Gefühle und geben Ihnen die Möglichkeit, die emotionale Verfassung der Klasse richtig einzuschätzen.

NIVEAU:	*
LERNZIELE:	über einen Tagesablauf berichten; Grammatik: *passato prossimo*

VORBEREITUNG:

Kleine Fotos von Personen aus Zeitschriften ausschneiden und jeweils auf ein weißes Din A4-Blatt kleben. Sie benötigen für jeden Teilnehmer ein Blatt.

UNTERRICHTSVERLAUF:

1. Sie bitten die Lerner, in Stuhlkreisen zu jeweils 5 bis 10 Personen Platz zu nehmen. Dann verteilen Sie ein vorbereitetes Blatt an jeden Teilnehmer.

2. Nun bitten Sie jeden Teilnehmer, der Person auf dem Bild einen *Namen* zu geben und diesen darunter zu schreiben. Dann wird das Blatt an den rechten Nachbarn weitergereicht, der seinerseits *Alter und Beruf* hinzufügt und das Blatt ebenfalls an den rechten Nachbarn weiterleitet. Nach derselben Vorgehensweise werden nun nachstehende Angaben ergänzt:
– *Familienstand und Anzahl der Personen in der Familie*
– *Adresse*
– *Hobbys und Interessen (2 bis 3 Items)*
– *was die Person besonders mag*
– *was die Person absolut nicht ausstehen kann.*

Achten Sie darauf, daß zügig gearbeitet wird, und bitten Sie die Lerner, sich jeweils auf nur einen Satz zu beschränken. Geben Sie der Klasse aber etwas Zeit, sich die fertiggestellten Blätter anzusehen.

3. Nachdem die wesentlichen Informationen festgelegt sind, schlagen Sie vor, die dargestellten und beschriebenen Personen durch ihren Alltag zu begleiten. Fordern Sie die Lerner auf, gemeinsam einen Bericht darüber zu schreiben, wie jede einzelne Person den gestrigen Tag verbracht hat.

Zu Beginn schreibt jeder Lerner das Wort *Ieri*...auf sein Blatt (eventuell auf die Rückseite oder auch auf ein getrenntes Blatt Papier) und reicht es an seinen linken Nachbarn weiter. Dieser beschreibt in ein bis zwei entsprechenden Sätzen den Tagesbeginn der betreffenden Person und reicht das Blatt wieder an seinen linken Nachbarn weiter. Der Bericht ist abgeschlossen, wenn das Blatt an seinen Ausgangspunkt zurückgekehrt ist. Bei sehr kleinen oder bei sehr engagierten Gruppen empfiehlt es sich, die Blätter eine zweite Runde durchlaufen zu lassen.

4. Lassen Sie bis zum Ende der Unterrichtsstunde die Lerner ihre Berichte vergleichen. Sammeln Sie dann Bilder und Berichte ein. Letztere sollten als Grundlage für eine Fehlerliste dienen, die in der nächsten Stunde besprochen werden kann.

NIVEAU:	*
LERNZIELE:	Gehörtes wiedergeben; Grammatik: reflexive Verben im Präsens oder *passato prossimo*, Präpositionen
MATERIAL:	Overheadprojektor mit Folien und entsprechenden Stiften (Alternative: Flip-chart und dicke Filzstifte)

UNTERRICHTSVERLAUF:

1. Aufwärmphase: Fragen Sie die Lerner, was sie heute morgen alles gemacht haben. Jeder Lerner sollte Gelegenheit haben, etwa zwei Punkte zu nennen. Vorgesehene Zeit: 5 Minuten.

Wenn das *passato prossimo* noch nicht bekannt ist, fragen Sie die Lerner, was sie jeden Morgen tun – und Sie erhalten Antworten im Präsens.

2. Geben Sie jedem Lerner eine Folie und einen Stift.

3. Die Lerner formieren sich zu Paaren. Partner A beschreibt Partner B genau alle Bewegungsabläufe vom Aufwachen bis zum Verlassen des Hauses. Sobald A zu sprechen beginnt, setzt B den Stift auf die Folie und bewegt ihn entsprechend der Beschreibung seines Partners.

Hier ein Beispiel:
Mi sono alzato/a dal letto e ho aperto la finestra. Poi sono uscito/a dalla stanza e sono andato/a in bagno.

Die entsprechende Zeichnung könnte so aussehen:

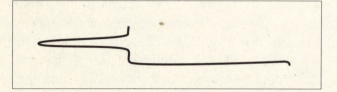

Dabei soll B den Stift nicht von der Folie nehmen und die Linie nicht unterbrechen. Auch sollen weder Wände noch Türen, Fenster oder Möbel eingezeichnet werden.

4. Wenn die Beschreibung zu Ende ist, wird die Zeichnung signiert und von Ihnen eingesammelt. Dann werden die Rollen getauscht: B erzählt, während A zeichnet. Die Zeichnung wird wieder signiert und ebenfalls an Sie gegeben.

5. Legen Sie nun z.B. die Folie eines Partners B auf den Overheadprojektor. Bitten Sie seinen Partner A, nach vorne zu kommen und anhand der Zeichnung seine Beschreibung zu wiederholen. Partner B wird daraufhin Ungenauigkeiten korrigieren, Informationen ergänzen und gegebenenfalls Fragen der anderen Lerner beantworten.

6. Das in Punkt 5 beschriebene Vorgehen kann nur bei sehr kleinen Klassen mit allen Partnern wiederholt werden, andernfalls empfiehlt es sich, eine Auswahl zu treffen, um keine Langeweile aufkommen zu lassen.

VARIANTE:
Eine unterhaltsame Variante dieser Übung ist es, Folie für Folie auf den Projektor zu legen und die Klasse zu fragen, welche Assoziationen die Zeichnung wachruft. Dabei kann die Folie nach allen Seiten gedreht werden.

NIVEAU: ★

LERNZIELE: Wortschatz, Sätze bilden

MATERIAL: 40 bis 60 kleine Kärtchen (möglichst in zwei verschiedenen Farben), wobei von einer Teilnehmerzahl von 12 ausgegangen wird

VORBEREITUNG:

Bereiten Sie zwei – möglichst verschiedenfarbige – Sets von 20 bis 30 Kärtchen vor, und schreiben Sie auf *jedes* Kärtchen ein *anderes* Substantiv, das die Lerner bereits kennen und das Sie mit ihnen üben möchten.

UNTERRICHTSVERLAUF:

1. Teilen Sie die Klasse in zwei Gruppen, und geben Sie jeder Gruppe ein Set Kärtchen. Lassen Sie die Lernergruppen die Wörter *unter sich* laut vorlesen und ihre Bedeutung klarstellen, ohne jedoch die andere Gruppe zu informieren.

2. Fordern Sie nun jede Gruppe auf, 6 Wörter (ein Wort pro Lerner) auszuwählen, die ihrer Meinung nach inhaltlich-assoziativ in einem gewissen Zusammenhang stehen. (Bei häufigerem Einsatz dieser Übung werden von den Lernern immer phantasievollere Zusammenhänge hergestellt.)

3. Jeder Lerner bildet nun mit seinem Wort einen beliebigen Satz. Auf diese Weise erhält jede Gruppe sechs Sätze. Nun sucht sich jeder Lerner einen Partner in der anderen Gruppe und tauscht (mündlich) mit ihm die Sätze aus. Er/Sie berichtet dann der eigenen Gruppe, welchen Satz er/sie gehört hat. Ein/e „Sekretär/in" notiert die sechs Sätze der Partnergruppe.

4. Im Anschluß daran wird analysiert, welche Wörter gewählt wurden und welche Assoziationen der Auswahl zugrunde liegen.

NIVEAU:	✶
LERNZIELE:	Grammatik: verschiedene Zeitformen; Syntax
MATERIAL:	einige Kärtchen

VORBEREITUNG:

Schreiben Sie je eine Zeitangabe auf die Kärtchen, z.B.: *ieri, lunedì scorso, martedì prossimo, alle tre e mezza, adesso, domani, spesso, (non)...mai, tutti i giorni* etc.

UNTERRICHTSVERLAUF:

1. Schreiben Sie einen Satz an die Tafel, z.B.: *Mario è andato in piscina.* Oder: *Ho telefonato a mia madre.*

2. Erklären Sie den Lernern, daß Sie nun ein Kärtchen mit einem Wort vorzeigen werden, das in diesen Satz – an der richtigen Stelle – einzufügen ist. Dabei muß der Satz entsprechend verändert werden. Die Veränderung kann sowohl die Zeitform als auch die Syntax betreffen.
Hier ein Beispiel: Sie zeigen das Kärtchen mit dem Wort *spesso*. Der von den Lernern zu bildende Satz lautet: *Mario va spesso in piscina* bzw. *Telefono spesso a mia madre.*

3. Zeigen Sie nun ein Kärtchen nach dem anderen vor und lassen Sie die Lerner den Satz jeweils entsprechend transformieren. Wenn die Klasse bereits eine gewisse Fertigkeit im Umformen der Zeiten gewonnen hat, beschleunigen Sie das Tempo, um die Lerner herauszufordern und Langeweile zu vermeiden.

Diese Übung kann sowohl als Aufwärmer oder Zeitfüller eingesetzt werden als auch zum Wiederholen oder Einüben der Zeitformen dienen. In diesem Fall wiederholen Sie die Übung mit weiteren Sätzen. Dementsprechend kann die Übungsdauer 5 bis 25 Minuten betragen.

NIVEAU: ✶
LERNZIELE: situationsgerechte Fragen stellen
MATERIAL: Kopien der Seiten 16 (oder 18) und 17, ein Würfel für jeweils vier Lerner, ein Spielstein pro Lerner

VORBEREITUNG:

Kopieren Sie für jeweils 4 Lerner die Seiten 16 und 17. (Wenn Sie das Sprachmaterial selbst festlegen wollen, verwenden Sie Seite 18 – anstelle von Seite 16 – und tragen die dem Lernniveau Ihrer Gruppe entsprechenden Antwortsätze ein.)

● Es empfiehlt sich, Seite 16 bzw. 18 auf Karton zu kleben und so ein Spiel„brett" herzustellen.

UNTERRICHTSVERLAUF:

1. Bilden Sie Kleingruppen von vier Personen und geben Sie jeder Gruppe einen Würfel, ein Spiel„brett" und ein Blatt mit den Spielregeln. Außerdem erhält jeder Teilnehmer einen Spielstein. (Gegebenenfalls können auch Münzen oder Papierschnipsel mit entsprechender Kennzeichnung verwendet werden.)

2. Bitten Sie die Lerner, sich die Spielregeln durchzulesen und das Spiel zu beginnen. Bleiben Sie im Hintergrund und greifen Sie nur ein, wenn sich eine Gruppe nicht darüber einigen kann, ob ein Satz richtig oder falsch ist, oder wenn Sie merken, daß eine falsche Entscheidung getroffen wurde. Versuchen Sie, nicht zu unterbrechen, aber haben Sie ein offenes Ohr für auftretende Probleme, die Sie zu einem späteren Zeitpunkt behandeln können.

3. Sobald das Spiel zu Ende ist, gehen Sie nochmals alle Sätze durch, oder Sie fragen die Lerner, ob noch irgendwo Zweifel bestehen. Wenn eine Gruppe das Spiel lange vor den anderen beendet hat, kann sie in der Zwischenzeit selbst ein ähnliches Spiel entwerfen.

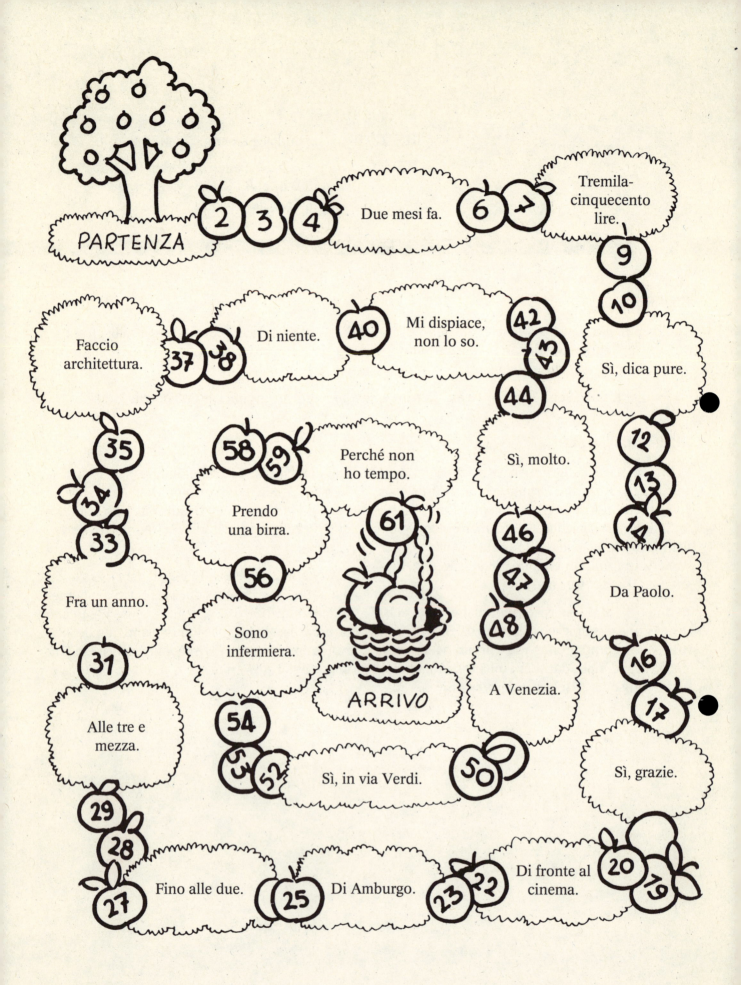

SPIELREGELN:

1. Setzen Sie alle Spielsteine auf *PARTENZA*.

2. Wer zuerst eine Sechs würfelt, beginnt. Es wird im Uhrzeigersinn gespielt.

3. Rücken Sie Ihre Steine entsprechend der gewürfelten Augenzahl vor.

4. Treffen Sie auf ein Feld mit einem Satz, stellen Sie eine Frage, zu der der betreffende Satz die passende Antwort sein könnte.

5. Die Gruppe entscheidet, ob Sie die Aufgabe richtig gelöst haben. (Den Lehrer sollten Sie nur zu Rate ziehen, wenn sich Ihre Gruppe nicht einigen kann.) Wenn Sie „bestanden" haben, rücken Sie um drei Felder vor, wenn nicht, gehen Sie drei Felder zurück. (In beiden Fällen endet Ihre Aufgabe hier, Sie brauchen keine weitere Frage zu stellen.)

6. Wenn Sie auf einem Zahlenfeld (Apfel) landen, parken Sie hier, bis Sie wieder an der Reihe sind.

7. Wenn Sie auf ein Feld treffen, auf dem bereits ein anderer Spieler steht, rücken Sie um ein Feld weiter und verhalten sich entsprechend.

8. Um das Spiel zu beenden, müssen Sie direkt beim Obstkorb (*ARRIVO*) ankommen. Wenn Sie beispielsweise auf Feld 61 landen und eine Fünf würfeln, zählen Sie 1 vor und 4 zurück und kommen auf Feld 58 zu stehen – in der Hoffnung, das nächste Mal eine Vier zu würfeln!

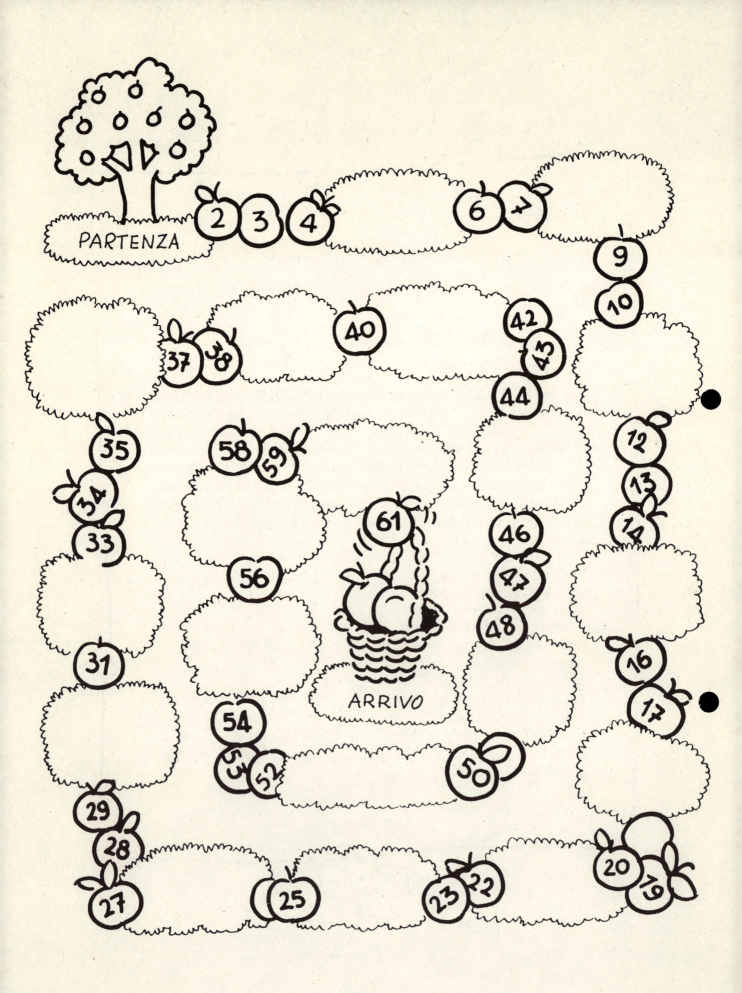

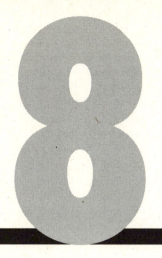

NIVEAU: ∗, **VARIANTE:** ∗ ∗
LERNZIELE: situationsgerechte Fragen stellen, spekulieren

VORBEREITUNG:

Bereiten Sie eine Liste von Antworten vor, und zwar derart, daß die Formulierung der dazugehörigen Fragen die Verwendung von Redemitteln verlangt, die Sie mit den Lernern üben möchten. Wenn Sie beispielsweise die **Sprechintention** „nach dem Weg fragen" wiederholen möchten, formulieren Sie Antworten wie diese:
Vada sempre dritto e al secondo semaforo giri a sinistra.
Sì, in via Verdi, la terza traversa a destra.
Mi dispiace, non lo so. Saranno 20 minuti a piedi.

Wenn Sie mehr am Üben der verschiedenen **Fragewörter** interessiert sind, formulieren Sie die Antworten so, daß ein möglichst breites Spektrum an Fragepronomen abgerufen werden kann, z.B:
Perché mi piace e basta. / Alle tre e mezza. / Di fronte al cinema Rex. / A Milano. / Di Friburgo. / Da un anno. / Niente. / Dalle due in poi. / Prendo questo.

Auch das **passato prossimo** kann Übungsziel sein. Dann sehen die Antworten etwa so aus:
Maria ha avuto un incidente.
Fino alle otto; e poi sono andato a cena fuori.

UNTERRICHTSVERLAUF:

Verteilen Sie eine Liste mit Ihren vorbereiteten Antworten oder schreiben Sie sie an die Tafel. Die Lerner arbeiten alleine, zu zweit oder in Kleingruppen und versuchen, verschiedene Fragen für die einzelnen Antworten zu finden. Schreiben Sie dann die besten Fragen neben die entsprechende Antwort an die Tafel.

VARIANTE:

Folgende Übungsvariante macht keine Vorbereitung erforderlich und eignet sich besonders für das Kennenlernen der Teilnehmer bei Kursbeginn.

Bitten Sie die Lerner, in Kurzantworten 10 Fakten über sich selbst aufzuschreiben, z.B:
21 – Stoccarda – Marisa – 1976 – La strada – vitello tonnato – Brasile – mercoledì – giglio – settembre.

Die Lerner suchen sich nun Partner und tauschen die Notizen aus. Es geht darum, durch Vermutungen allmählich herauszufinden, welche die richtige Frage zu der gegebenen Antwort ist. Beispielsweise könnte das Gespräch im bezug auf die Antwort 1976 so laufen:
A: *Ti sei sposato nel 1976?*
B: *No.*
A: *Forse hai avuto un figlio in quell'anno?*
B: *No, non sono sposato e non ho figli.*
A: *È qualcosa che riguarda la tua famiglia?*
B: *No, non proprio ...*
A: *Allora ha che fare con il tuo lavoro?*
B: *Sì.*
A: *È l'anno in cui hai cominciato a lavorare?*
B: *Sì, giusto!*

Zum Abschluß erzählt jeder Teilnehmer der gesamten Klasse, was er/sie vom Partner erfahren hat.

NIVEAU: ∗

LERNZIELE: Verabredungen treffen; Wochentage, Uhrzeit

VORBEREITUNG:
Kopieren Sie die Kalenderseite von Seite 21 entsprechend der Teilnehmerzahl.

UNTERRICHTSVERLAUF:

1. Stellen Sie die Redemittel bereit, die zum Treffen von Verabredungen erforderlich sind. Es empfiehlt sich unter anderem, entsprechendes Material mit der Klasse in einem Brainstorming zu erarbeiten. Das Ergebnis sollten beispielsweise Sätze wie diese sein:
   - *Quando ti posso parlare?*
   - *Hai cinque minuti per me?*
   - *Martedì alle tre, ti va bene?*
   - *D'accordo, ti vengo a prendere alle sette e mezza.*
   - *Mi dispiace, ma lunedì mattina non posso, ho già un altro impegno.*
   - *Perché non andiamo al cinema domani sera?*
   - *Avrei bisogno di parlare con Lei.*
   - *Ha già un impegno stasera?*

2. Verteilen Sie die Kopien und fordern Sie die Lerner auf, einige persönliche Termine (z.B. Arbeitsbesprechung, Zahnarzt, Tennis, Theater etc.) einzutragen. Diese Termine sind bereits vereinbart und können grundsätzlich nicht verschoben werden. Es dürfen aber nicht alle Termine verplant werden: Bei einer Teilnehmerzahl von zehn sollten mindestens neun Termine frei bleiben, bei sechs Teilnehmern mindestens fünf.

3. Laden Sie nun die Lerner ein, mit jedem Teilnehmer eine Verabredung zu treffen. (Wenn die Klasse mehr als zehn Teilnehmer zählt, empfiehlt es sich, zwei Gruppen zu bilden.) Auch Sie können mitspielen. Versuchen Sie, mit allen Lernern zu sprechen, so können Sie auch ihr Italienisch überprüfen.

Es ist relativ leicht, die ersten Termine zu vereinbaren, aber in dem Maß, in dem die freien Plätze dahinschwinden, wird es auch sprachlich schwieriger, sich zu verabreden. Letztendlich kann es dazu kommen, daß es unmöglich erscheint, sich mit dem einen oder anderen zu verabreden. In diesem Fall kann man versuchen, die bereits ausgemachten Termine zu verschieben.

Scrivete 5 impegni

LUNEDÌ 1	MARTEDÌ 2	MERCOLEDÌ 3
8 ……	8 ……	8 ……
9 ……	9 ……	9 ……
10 ……	10 ……	10 ……
11 ……	11 ……	11 ……
12 ……	12 ……	12 ……
13 ……	13 ……	13 ……
14 ……	14 ……	14 ……
15 ……	15 ……	15 ……
16 ……	16 ……	16 ……
17 ……	17 ……	17 ……
18 ……	18 ……	18 ……
19 ……	19 ……	19 ……
20 ……	20 ……	20 ……

GIOVEDÌ 4	VENERDÌ 5	SABATO 6
8 ……	8 ……	……
9 ……	9 ……	……
10 ……	10 ……	……
11 ……	11 ……	**DOMENICA 7**
12 ……	12 ……	……
13 ……	13 ……	……
14 ……	14 ……	……
15 ……	15 ……	……
16 ……	16 ……	……
17 ……	17 ……	……
18 ……	18 ……	……
19 ……	19 ……	
20 ……	20 ……	

10

NIVEAU: ✱

LERNZIELE: Vorlieben und Abneigungen äußern, erzählen

VORBEREITUNG:

Sammeln Sie einige Gegenstände, die einen unterscheidbaren Geruch haben und in den Unterricht mitgebracht werden können, z.B. Parfum, Käse, Blumen, Schokolade, Kaffee, Knoblauch, gebrauchter Aschenbecher etc.

UNTERRICHTSVERLAUF:

1. Geben Sie den Lernern eine Einstimmung in die Betrachtung von Gerüchen. Fordern Sie sie auf, einen Augenblick darüber nachzudenken, wie das Leben ohne das Wahrnehmen von Gerüchen aussehen würde.

Gegebenenfalls erinnern Sie daran, daß der Duft der „Madeleines" – eines typischen Pariser Gebäcks – den französischen Autor Marcel Proust dazu veranlaßt hat, sein Werk „Auf der Suche nach der verlorenen Zeit" zu schreiben.

2. Bitten Sie die Lerner, die Augen zu schließen, reichen Sie einige geruchintensive Gegenstände herum und fragen Sie die Lerner, wie sie die Gerüche empfinden. Versuchen Sie, Stellungnahmen wie

Questo profumo mi piace
Quest'odore non mi piace
Detesto quest'odore
Secondo me puzza
Non lo posso sentire
Lo trovo meraviglioso

zu erarbeiten, indem Sie selbst Beispiele geben. Versuchen Sie, jeden Lerner zu mindestens einer Äußerung zu veranlassen.

3. Die Lerner notieren nun in ihrem Heft eine Reihe von Gegenständen, deren Geruch sie mögen bzw. nicht mögen:

piacevole	spiacevole

4. Regen Sie die Lerner an, an verschiedene Orte, Situationen und Menschen zu denken, die in ihnen Gerüche wachrufen. Beispielsweise kann jemand an den Weihrauch in der Kirche, an ein bestimmtes Rasierwasser, an das Desinfektionsmittel in einem Krankenhaus oder an den Geruch vor einer Bäckerei erinnert werden.

5. Die Lerner bilden Paare oder Kleingruppen, vergleichen ihre Listen und erzählen, warum sie bestimmte Gerüche mögen bzw. nicht mögen. Sie schildern einander ausführlich, welche Erinnerungen damit verbunden sind, wo und wann sie diese Situation erlebt haben, welche Personen damit verknüpft waren usw. Sie beantworten schließlich auch Fragen, die sie einander in diesem Zusammenhang stellen.

VARIANTE zu Punkt 3:
Um die Übung einfacher zu gestalten, können Sie eine Reihe von geruchintensiven Gegenständen nennen und die Lerner dann bitten, sie nach den Kategorien von „piacevole" und „spiacevole" zu ordnen.

NIVEAU:	★
LERNZIELE:	Anweisungen geben und ausführen; Grammatik: Imperativ, Ortsadverbien
MATERIAL:	Tücher; großer Unterrichtsraum

UNTERRICHTSVERLAUF:

1. Wiederholen Sie mit der Klasse folgende Redemittel:
Gira a destra! / Giri a destra!
Gira a sinistra! / Giri a sinistra!
Continua diritto! / Continui diritto!
Fermati! / Si fermi!
Torna indietro! / Torni indietro!
Fa' due passi avanti! / Faccia due passi avanti!

Je nach Lernniveau können Sie weitere Wörter einführen, die für die Übung (siehe Punkt 3) nützlich sind.

2. Schieben Sie die Möbel an die Wand und lassen Sie nur wenige Gegenstände (kleine Tische, Stühle) als Hindernisse in der Mitte stehen. Bitten Sie die Lerner, sich einen Partner zu suchen und sich den Wänden entlang aufzustellen. Einer der Partner verbindet sich mit einem Tuch die Augen; die Aufgabe des andern ist es, ihn/sie durch entsprechende Anweisungen (vgl. Punkt 1) auf die gegenüberliegende Seite des Raums zu führen, ohne daß er/sie irgendein Möbelstück streift. Wenn die Partner auf der gegenüberliegenden Seite des Raums angekommen sind, werden die Rollen getauscht.

3. Gegebenenfalls kann auch ein Bewertungssystem eingeführt werden: Der „Führer" erhält jeweils einen Punkt, wenn der „Geführte" die Anweisung mißachtet und ein Hindernis berührt, der „Geführte" hingegen, wenn der „Führer" eine falsche Anweisung gibt und ihn dadurch an ein Möbelstück stoßen läßt.

12

NIVEAU: ✶

LERNZIELE: Grammatik: *c'è / ci sono*; Wortschatz: Wohnen, Farbbezeichnungen, (Variante mit Wortschatz: Natur)

VORBEREITUNG:

Kopieren Sie die Zeichnungen auf Seite 25 zweimal und zerschneiden Sie die Blätter so, daß Sie 16 Vignetten erhalten, von denen je zwei identisch sind. (Wenn Sie die Farbbezeichnungen üben wollen, malen Sie die Vignetten mit Buntstiften an.)

UNTERRICHTSVERLAUF:

1. Zeigen Sie der Klasse einige Vignetten und erläutern Sie, daß Sie diese nun verteilen werden und daß es darum gehen wird, durch Fragen und Antworten herauszufinden, wer die gleichen Vignetten besitzt. Erst wenn sich die Partner gefunden zu haben glauben, dürfen die Vignetten gezeigt und verglichen werden.

2. Bevor die Lerner mit der Suche beginnen, üben Sie mit ihnen die erforderlichen Redemittel, z.B.:

La tua/Sua casa ha un giardino?
Sì./No.

Ci sono alberi?
Sì, ci sono./No, non ci sono.

Gli alberi sono a destra o a sinistra?
A destra./A sinistra.

Quanti piani ha la tua/Sua casa?
Due./Tre.

C'è il garage?
Sì, c'è./No, non c'è.

Di che colore è il tetto?
È rosso./È grigio.

Quante finestre ci sono?
Due./Quattro.

Il camino fuma?
Sì, fuma./No, non fuma.

È identico al mio disegno?
No, è diverso.

3. Überprüfen Sie, ob die Lerner die Spielregeln verstanden haben, und verteilen Sie dann die Vignetten.

4. Sagen Sie den Lernern, daß sie sich, wenn sie ihren Partner oder ihre Partnerin gefunden haben, nebeneinander setzen sollen, da sie die nächste Übung zusammen erarbeiten werden.

VARIANTE:

Dieselbe Übung läßt sich mit anderen Themenbereichen durchführen. Vgl. z.B. die Kopiervorlage zum Thema „Natur" auf Seite 26.

© Ernst Klett Verlag für Wissen und Bildung GmbH, Stuttgart 1993. Alle Rechte vorbehalten. (Vervielfältigung zum Unterrichtsgebrauch gestattet)

© Ernst Klett Verlag für Wissen und Bildung GmbH, Stuttgart 1993. Alle Rechte vorbehalten. (Vervielfältigung zum Unterrichtsgebrauch gestattet)

NIVEAU: ∗

LERNZIELE: Informationen austauschen und zusammenfassen; Grammatik: *passato prossimo;* (Variante: Zahlen, Landeskunde)

VORBEREITUNG:

Kopieren Sie die Sätze auf S. 28 und zerschneiden Sie das Blatt so, daß auf jedem Streifen ein Satz zu stehen kommt. Achten Sie darauf, daß Sie für jeden Teilnehmer mindestens einen Streifen zur Verfügung haben.

UNTERRICHTSVERLAUF:

1. Verteilen Sie die Streifen mit den Sätzen. Wenn Sie mehr Streifen als Teilnehmer haben, können Sie einigen Teilnehmern auch zwei Streifen geben. Haben Sie weniger Streifen als Teilnehmer, lassen Sie jeweils zwei Lerner an einem Streifen arbeiten. Bei großen Klassen empfiehlt es sich, zwei oder drei Gruppen (mit jeweils gleichem Material) zu bilden.

2. Sagen Sie den Lernern, daß sie sich den Inhalt ihres Satzes merken, aber nicht an andere weiterleiten sollen. Dabei ist es nicht wichtig, den genauen Wortlaut zu behalten, es geht vielmehr um die im Satz enthaltene Information. Erklären Sie – jedem einzelnen – eventuell unbekannte Wörter. Lassen Sie es aber nicht zu, daß sich die Lerner Notizen machen. Sammeln Sie die Streifen anschließend ein.

3. Fordern Sie nun die Lerner auf, herumzugehen und den anderen den Inhalt ihres Satzes mitzuteilen. Geben Sie nur spärliche Anweisungen. Lassen Sie den Lernern genug Zeit, um die Informationen auszutauschen, aber überschreiten Sie nicht den Zeitpunkt, an dem sich Langeweile auszubreiten beginnt.

4. Fordern Sie die Lerner auf, wieder ihre Plätze einzunehmen. Nun bitten Sie sie, eine Zusammenfassung dessen zu machen, was sie an Informationen erhalten haben. Das kann in Einzelarbeit oder in Partnerarbeit geschehen.

5. Im Anschluß daran vergleichen die Lerner ihre Aufzeichnungen mit denen anderer Teilnehmer bzw. Paare. Schließlich wählt die Gesamtgruppe eine/n „Sekretär/in", der/die eine gemeinsam zu erarbeitende Endversion an die Tafel schreibt. Wenn der Wunsch danach vorhanden ist, können Sie – zum Vergleich – Kopien der Originalversion verteilen.

VARIANTE:

Wenn Sie die Zahlen üben und landeskundliche Inhalte vermitteln wollen, bieten sich die Sätze auf Seite 29 als Kopiervorlage an.

Il regista Federico Fellini è nato a Rimini.

Nel 1971 Luchino Visconti ha avuto un grande successo con il film „Morte a Venezia".

Nel 1968 in molte città d'Europa è scoppiata la protesta studentesca.

Nel 1990 la Germania si è riunificata.

J.F. Kennedy è stato ucciso nel 1963 da L.H.Oswald.

Dopo la morte di Kennedy, Johnson è stato eletto presidente degli Stati Uniti.

Nel 1915 l'Italia è entrata nella I guerra mondiale.

Luchino Visconti è nato nel 1906.

Nel gennaio del 1993 è morto il ballerino russo Nureiev.

Nel 1992 gli austriaci hanno eletto un nuovo presidente della Repubblica.

Nel 1870 Roma è diventata capitale dell'Italia unita.

Nel 1946 l'Italia è diventata una repubblica.

Nel 1982 l'Italia ha vinto la Coppa del Mondo di calcio.

Nel 1492 Cristoforo Colombo ha scoperto l'America.

La rivoluzione francese ha cambiato la faccia dell'Europa.

Cristoforo Colombo è nato a Genova.

Napoleone è morto in esilio sull'Isola di Sant'Elena.

Dante è morto in esilio a Ravenna.

Casanova ha scritto le sue memorie in francese.

Giuseppe Verdi è morto all'età di 88 anni.

© Ernst Klett Verlag für Wissen und Bildung GmbH, Stuttgart 1993. Alle Rechte vorbehalten. (Vervielfältigung zum Unterrichtsgebrauch gestattet)

L'Italia ha circa 57 milioni di abitanti.

Il presidente della Repubblica è eletto per un periodo di 7 anni.

L'Italia ha 8.500 km di costa.

L'Italia ha una superficie di 300.000 km².

Il capoluogo delle Marche è Ancona.

L'Italia ha 20 regioni.

Firenze è situata sull'Arno.

La punta più alta dell'Appennino è il Gran Sasso.

Il Po ha una lunghezza di 652 km.

L'Etna ha 3.340 metri di altitudine.

Il Gargano si trova in Puglia.

L'Umbria è il „cuore verde" dell'Italia.

L'Italia ha una rete autostradale di 6.500 km.

Quattro città italiane hanno più di un milione di abitanti: Roma, Milano, Napoli e Torino.

Il 28% degli italiani vive in città con più di 100.000 abitanti.

La Repubblica di San Marino si estende su un territorio di 61 km².

Il numero del pronto soccorso è il 113.

Con 370 km² il Garda è il più grande lago d'Italia.

La Città del Vaticano ha circa 1000 abitanti.

Con 372 abitanti al km² la Lombardia ha la più grande densità demografica di tutte le regioni italiane.

© Ernst Klett Verlag für Wissen und Bildung GmbH, Stuttgart 1993. Alle Rechte vorbehalten. (Vervielfältigung zum Unterrichtsgebrauch gestattet)

14

NIVEAU: ★, **VARIANTEN:** ★★ bis ★★★★

LERNZIELE: Rechtschreibung und Aussprache der Laute [tʃ], [g], [sk], [ʃ], [dʒ], [ŋ]; (Variante: Wortakzent)

VORBEREITUNG:

Stellen Sie eine Liste von Wörtern zusammen, wobei jeweils 4 dieselbe Lautkombination aufweisen, z.B.:

– *città/eccellente/arancia/faccio*
– *gatto/lungo/gusto/margherita*
– *pesca/rischio/scherzo/scuola*
– *pesce/lasciare/uscita/liscio*
– *giorno/gita/angelo/mangiare*
– *bagno/agnello/sognare/ogni*

UNTERRICHTSVERLAUF:

1. Schreiben Sie die Wörter in ungeordneter Reihenfolge an die Tafel und lassen Sie die Lerner die Wörter aussprechen. Sprechen Sie nie ein Wort vor, lassen Sie immer zuerst den Lerner sprechen. Stellen Sie sich dann hinter den jeweiligen Lerner und wiederholen Sie das Wort, so daß er/sie Ihre Stimme mit der korrekten Aussprache hört und sich dabei ganz auf den Klang konzentrieren kann.

2. Teilen Sie die Klasse in Kleingruppen und lassen Sie die Lerner die 6 „Quartette" finden. Gegebenenfalls können Sie die Lautgruppen, um die es sich handelt, in Lautschrift angeben. Gehen Sie dann umher, und helfen Sie bei Ausspracheschwierigkeiten. Lassen Sie aber auch jetzt immer zuerst den Lerner sprechen.

3. Wenn die Gruppen ihre Arbeit beendet haben, bitten Sie jeweils eine/n „Sekretär/in", ein „Quartett" an die Tafel zu schreiben. Daraufhin lesen Sie alle Wörter in der von den Lernern zusammengestellten Gruppierung vor. Wenn es falsche Zuordnungen gibt, werden die Lerner dies aufgrund Ihrer Aussprache erkennen und korrigieren können. Sollte der Fehler nicht bemerkt werden, geben Sie an, wo das Problem liegt, möglichst ohne es direkt zu benennen.

4. Wenn die richtige Zuordnung an der Tafel steht, werden durch Brainstorming weitere Beispiele an die einzelnen Gruppen angefügt (z.B.: *certo/cinema; lago/grande; scrivere/fresco; sciogliere/sciare; gente/giardino; ognuno/Bologna*.

5. Nun bilden die Lerner Sätze, die jeweils mindestens drei Wörter mit derselben Lautqualität enthalten, z.B.:
Il mio gatto ha dei gusti strani: ama le margherite!
La gente preferisce mangiare in giardino.

Die Sätze können durchaus etwas konstruiert wirken. Wichtig ist, daß sie korrekt sind, da sie die Grundlage für Punkt 6 darstellen.

6. Jeder Lerner liest nun einen Satz vor, den die anderen in ihr Heft schreiben. Der Satz soll nicht öfter als zweimal vorgelesen werden.

Daraufhin schreiben die Lerner der Reihe nach ihren Satz an die Tafel, so daß die anderen ihre Rechtschreibung überprüfen können.

Nun lesen Sie die Sätze nochmals vor, damit sich die richtige Aussprache einprägt.

7. Zum Abschluß bitten Sie die Lerner, je einen Satz auszuwählen, den sie gerne mit Verve zum Ausdruck bringen möchten. Stellen Sie sich wieder (wie in Punkt 1) hinter den Lerner und nehmen Sie Ihre Korrektur diesmal insbesondere im Hinblick auf die Betonung und die Satzmelodie vor.

VARIANTEN:

VORBEREITUNG:

a) Wenn Sie insbesondere die Betonung (Wortakzent auf der zweit- bzw. drittletzten Silbe) üben möchten, bereiten Sie Wortlisten wie diese vor:
- *lontano/vicino/terremoto/cattivo/marito/antico/cucina/parola/motoscafo*
- *valido/periodico/tessera/semaforo/asino/prendono/ottimo/magnifico/elicottero.*

Bei sehr fortgeschrittenem Lernniveau kann eine dritte Wortgruppe angefügt werden, die Wörter enthält, deren Bedeutung sich mit der Verlagerung des Wortakzents ändert, z.B.: *perdono*, *ancora*, *balia* etc..

b) Soll die Lautkombination *-io/-ia* Gegenstand der Übung sein, bietet sich hingegen eine Wortliste dieses Typs an:
- *farmacia/democrazia/ferrovia/malattia/Maria/Turchia/follia/Dio/ periodo/zio*
- *serio/premio/ansia/ferie/Mario/Finlandia/moglie/accademia/pigrizia/serio.*

UNTERRICHTSVERLAUF:

Sowohl bei Variante a) als auch bei Variante b) gehen Sie analog zu der in Punkt 1 bis 4 beschriebenen Abfolge vor, und Sie lassen die Lerner die jeweiligen zwei (bzw. drei) Wortgruppen zusammenstellen, an die Tafel schreiben und ergänzen.

Bei Variante b) kann zum Abschluß der Übung Punkt 5 durchgeführt werden. Die übrigen Punkte entfallen bei beiden Varianten.

NIVEAU: *

LERNZIELE: Liedtext rekonstruieren

MATERIAL: Lied auf Cassette, Cassettenrecorder; Liedtext, dünner Karton

VORBEREITUNG:

Wählen Sie ein geeignetes, relativ kurzes Lied aus: Der Liedtext sollte den Lernern nicht bekannt sein, ihrem Lernniveau aber in etwa entsprechen. Schreiben Sie den Text, Zeile für Zeile, auf einen dünnen Karton. Machen Sie davon einige Kopien (etwa für je 3 Lerner eine Kopie). Dann schneiden Sie die kopierten Texte in Streifen, wobei auf jedem Streifen eine Liedzeile zu stehen kommt. Sortieren Sie die Streifen so, daß jedes Set den kompletten Liedtext enthält.

UNTERRICHTSVERLAUF:

1. Geben Sie jeder Gruppe (je 3 Personen) ein gut gemischtes Set von Streifen. Es ist nun Aufgabe der Lerner, die richtige Reihenfolge herauszufinden. Unbekanntes Vokabular kann vorher eingeführt oder aber auch dann erklärt werden, wenn Schwierigkeiten auftreten.

2. Spielen Sie das Lied vorerst so leise vor, daß die Worte nicht verstanden werden können. Spielen Sie es wiederholt vor und erhöhen Sie die Lautstärke nach und nach. Die Übung funktioniert dann am besten, wenn es für die Lerner ein wenig zu schwierig ist, den Text zu verstehen und das Lied in dem Augenblick deutlich vernehmbar wird, in dem die Aufmerksamkeit der Zuhörer nachzulassen beginnt. Plötzlich wird dann den Lernern klar, daß sie die Worte tatsächlich verstehen können, wenn sie aufmerksam zuhören.

3. Wenn alle Gruppen die Anordnung ihrer Streifen mit Hilfe des Liedes überprüft haben, sammeln Sie die Streifen ein. (Sie können sie in einem anderen Kurs wieder verwenden).

Wenn möglich, verteilen Sie nun Kopien des kompletten Liedtextes, oder die Lerner diktieren Ihnen den Text, und Sie schreiben ihn an die Tafel. Geben Sie den Lernern dann auch die Gelegenheit, den Text abzuschreiben.

Nun erklären Sie alles, was sprachlich oder inhaltlich noch nicht ganz verständlich ist. Abschließend singen Sie das Lied mit der Gruppe, wobei gegebenenfalls auch ein Teilnehmer die Leitung übernehmen kann.

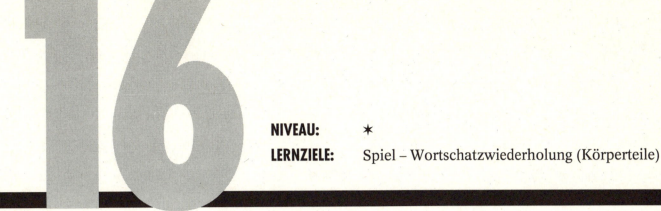

NIVEAU: ✶

LERNZIELE: Spiel – Wortschatzwiederholung (Körperteile)

Diese Übung mit Spielcharakter erfordert Aufmerksamkeit und Konzentration, macht aber großen Spaß. Es darf allerdings nicht übersehen werden, daß es sich um eine Wiederholungsübung handelt und daß die Bezeichnungen für die Körperteile bereits bekannt sein müssen. Es ist davon abzuraten, diese Übung zur Einführung des Wortschatzes zu verwenden, da dadurch allzu große Verwirrung entstehen könnte.

UNTERRICHTSVERLAUF:

1. Zur Einstimmung in die Übung zeichnen Sie die Umrisse einer menschlichen Gestalt an die Tafel. Schreiben Sie Wörter wie *mano, gamba, occhio* etc. neben die betreffenden Körperteile und bitten Sie die Klasse, weitere Begriffe zu nennen, die Sie dann an die entsprechende Stelle der Zeichnung schreiben.

2. Bitten Sie nun einen Lerner, an die Tafel zu kommen und mit Ihnen zusammen vorzuzeigen, wie die Übung durchzuführen ist. Sie übernehmen die Rolle von A, der Lerner die Rolle von B:

A berührt seinen/ihren Ellbogen und sagt: *Questo è il mio naso.*

B muß nun darauf reagieren, indem er/sie sich an die Nase faßt und sagt: *Questo è il mio gomito.*

Nun ist B an der Reihe, zeigt auf seinen/ihren Kopf und sagt: *Questo è il mio piede.* A zeigt auf seinen/ihren Fuß und sagt: *Questa è la mia testa.*

Vergewissern Sie sich, daß alle verstanden haben, worauf es ankommt.

3. Teilen Sie nun die Klasse in Zweiergruppen und lassen Sie die Lerner möglichst viele Beispiele mit komischen Kombinationen finden. Ziel der Übung ist es, sich die Wörter durch ihre häufige Wiederholung einzuprägen.

17

NIVEAU: ★

LERNZIELE: Spiel – Fragen stellen; Wortschatz

Es geht hier darum, einen „Trick" herauszufinden, der darin besteht, daß der Anfangsbuchstabe des Namens des jeweiligen Lerners die Grundlage für die Bildung von neuem Vokabular darstellt.

Das setzt allerdings voraus, daß die *Vornamen* der Teilnehmer bekannt sind und daß der *Wortschatz* der Lerner bereits so groß ist, daß sie auch Wörter mit selteneren Anfangsbuchstaben assoziieren können.

UNTERRICHTSVERLAUF:

1. Erklären Sie den Lernern, daß es hier um ein Spiel geht und daß sie sich vorstellen sollen, eine schwierige Expedition zu unternehmen, für die nur wenig Gepäck zulässig ist. Daher muß jeweils nachgefragt werden, ob dieses oder jenes mitgenommen werden darf.

Beispielsweise fragt **M**aria: *Posso portare un* **c***oltello?* und sie wird die Antwort erhalten: *No, non puoi*. Hätte sie Gegenstände wie **m***aglione,* **m***atita,* **m***ela* etc. vorgeschlagen, wäre die Antwort positiv gewesen, da die Bezeichnungen für diese Dinge mit dem Anfangsbuchstaben ihres Namens beginnen.

2. Während die Lerner reihum die Fragen stellen, antworten vorerst Sie als Kursleiter mit *sì* und *no*. Nach und nach werden die Lerner den Trick durchschauen und Ihnen bei der Beantwortung der Fragen helfen.

NIVEAU: ✶

LERNZIELE: Spiel – Üben von Zahlen, rechnen

MATERIAL: Würfel (3 pro Kleingruppe; z.B.: 20 Lerner = 5 Kleingruppen à 4 Lerner = 15 Würfel)

UNTERRICHTSVERLAUF:

1. Malen Sie die Zeichen **+**, **–**, **x** und **:** an die Tafel. Verwenden Sie dann einige Minuten darauf, die Grundrechenarten einzuüben bzw. zu wiederholen, z.B.:
2 più 2 fa 4.
10 meno 7 fa 3.
5 per 5 fa 25.
16 diviso 2 fa 8.

2. Erklären Sie die Spielregeln (siehe unten). Geben Sie Beispiele, damit vor Beginn des Spiels allen klar ist, worum es geht.

3. Teilen Sie die Lerner in Gruppen von 3 bis 5 Personen. In jeder Gruppe wird ein/e „Sekretär/in" bestellt, der/die die Spielleitung übernimmt, aber auch selbst am Spiel teilnehmen kann, wenn er/sie es möchte. Geben Sie jeder Gruppe 3 Würfel. Wünschen Sie den Spielern viel Glück und bitten Sie sie zu beginnen.

SPIELREGELN:

a) Die Spieler würfeln immer mit 3 Würfeln (=1 Wurf).

b) Die gewürfelten Augen werden durch die Grundrechenarten (addieren, substrahieren, multiplizieren, dividieren) so miteinander verbunden, daß sich eine Zahl ergibt, die möglichst nahe an 15 herankommen soll, diese Zahl aber keinesfalls überschreiten darf; z.B.:

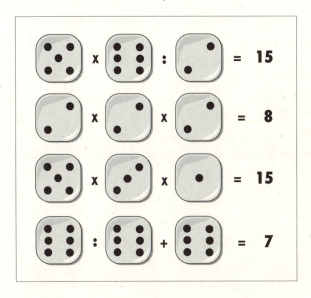

c) Jeder Spieler – gegebenenfalls auch der/die „Sekretär/in" – führt Buch über die bei jedem Wurf erreichte Endzahl. Ziel des Spieles ist es, die Gesamtzahl 100 zu erreichen. Wenn der erste Spieler dieses Ziel erreicht hat, können die anderen entscheiden, ob sie den zweiten und den dritten Platz ermitteln oder ein neues Spiel beginnen wollen.

NIVEAU: ✶ bis ✶✶✶

LERNZIELE: Erstellen von Dialogen (schriftlich und mündlich), begründen, spekulieren

MATERIAL: mehrere große Fotos (zwei Personen im Gespräch) oder vergrößerte Kopien der Fotos auf Seite 37 f.

UNTERRICHTSVERLAUF:

1. Bringen Sie die 6 bis 10 mitgebrachten Fotos so im Unterrichtsraum an, daß alle sie deutlich sehen können.

2. Die Lerner arbeiten in Paaren. Jedes Paar wählt ein Foto aus, das die Grundlage für einen kleinen Dialog darstellt. Der Rest der Gruppe sollte nicht wissen, welches Foto ausgewählt wurde. Geben Sie den Paaren etwa fünf Minuten Zeit für die Erstellung des Textes, und gehen Sie in der Zwischenzeit umher, um bei auftretenden Schwierigkeiten zu helfen und die sprachlichen Fehler zu korrigieren.

3. Abschließend lesen die Paare ihre Dialoge – mit verteilten Rollen – vor. Noch wirkungsvoller ist es, wenn die kleinen Szenen gespielt werden. Der Rest der Gruppe muß raten, welches Foto gewählt wurde, und seine Annahme begründen.

Anmerkung:
Sollen Redemittel geübt werden, die sich gezielt auf bestimmte Sprechintentionen beziehen (z.B.: jemanden begrüßen, jemanden einladen, argumentieren, eine Auseinandersetzung führen etc.), sind die Fotos entsprechend auszuwählen.

© Ernst Klett Verlag für Wissen und Bildung GmbH, Stuttgart 1993. Alle Rechte vorbehalten. (Vervielfältigung zum Unterrichtsgebrauch gestattet)

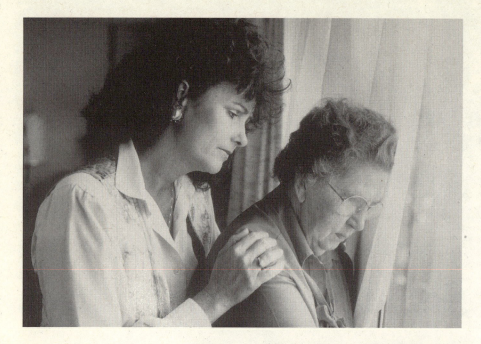

20

NIVEAU: ✱ bis ✱✱✱

LERNZIELE: Fragen stellen und beantworten;
Grammatik: *è / c'è*

VORBEREITUNG:

Schneiden Sie aus einer Zeitschrift drei Bilder aus, die relativ viele Details aufweisen (z.B. Wohnungseinrichtungen).

UNTERRICHTSVERLAUF:

1. Zeigen Sie der Klasse eines der Fotos 45 bis 60 Sekunden lang. Entfernen Sie es dann und stellen Sie Gedächtnisfragen nach folgendem Muster:
– *Di che colore è...?*
– *Com'è vestita la persona che sta in mezzo?*
– *Che cosa c'è in fondo a destra?* Etc.

Passen Sie die Fragen dem Lernniveau der Klasse an. Gegebenenfalls zeigen Sie das Bild zwei- bis dreimal und stellen dann jeweils wieder neue Fragen.

2. Teilen Sie die Klasse in zwei Gruppen: A und B. Geben Sie jeder Gruppe ein Bild und fordern Sie sie auf, je zwölf Verständnisfragen für die andere Gruppe vorzubereiten. In der Zwischenzeit gehen Sie umher und achten darauf, daß die Fragen sprachlich korrekt sind.

3. Gruppe A betrachtet nun das Bild von Gruppe B eine Minute lang. Dann stellt Gruppe B ihre Fragen, die von Gruppe A beantwortet werden. Für richtige Antworten werden Punkte vergeben und an der Tafel notiert. Das Frage- und Antwortspiel kann auf verschiedene Weise durchgeführt werden:

a) Die Fragen werden von den Mitgliedern der Gruppe B reihum gestellt und von Gruppe A (einzeln oder im Team) beantwortet.

b) Die Lerner arbeiten paarweise, und zwar so, daß jeweils ein Mitglied der Gruppe A von einem Mitglied der Gruppe B befragt wird. (Vorteil: jeder Lerner muß alle zwölf Fragen stellen bzw. beantworten und kommt daher mehr zum Sprechen.) Wenn so gearbeitet wird, ist es nötig, daß jeder Lerner die Fragen in schriftlicher Form vorliegen hat.

c) Jedes Mitglied von Gruppe B wählt zwei bis drei Fragen und stellt sie der Reihe nach an alle Mitglieder von Gruppe A. Wenn die Befragungen abgeschlossen sind, sollte Gruppe A jedenfalls die Möglichkeit erhalten, das Bild nochmals zu sehen und zu überprüfen, was im Gedächtnis geblieben war und was nicht.

4. Nun werden die Rollen vertauscht: Gruppe A fragt, und Gruppe B antwortet (Wiederholung des Ablaufs ab Punkt 3).

Anmerkung:
Wenn die Bilder relativ einfach sind und ihr Inhalt sorgfältig ausgewählt wird, so daß keine allzu großen Wortschatzprobleme auftreten, kann diese Übung bereits im Anfängerunterricht eingesetzt werden. Die Fragen könnten dann etwa so lauten:
– *C'è ...?*
– *Dov'è...?*
– *Quanti/e...ci sono?*
– *Che cosa...?*

In diesem Zusammenhang kann insbesondere auch die Verwendung von *è* und *c'è* bzw. *sono* und *ci sono* geübt werden.

21

NIVEAU: ✶ bis ✶✶✶✶
LERNZIELE: Wortschatz

VORBEREITUNG:

Wählen Sie etwa 30 Wörter aus, die Sie mit den Lernern wiederholen möchten.

UNTERRICHTSVERLAUF:

1. Schreiben Sie fünf der Wörter, die geübt werden sollen, in folgender Anordnung an die Tafel:

```
gabbiano                                    pietra



                    confusione



lampada                                     dito
```
Abb. 1

Fordern Sie nun die Gruppe auf, Wortassoziationen zu bilden und dabei von den Ecken ausgehend auf die Mitte hin zu arbeiten, wobei an der Tafel beispielsweise folgendes Schema entstehen kann:

```
gabbiano                                              pietra
   mare                                                duro
    spiaggia                                          ferro
        onde                                         fuoco
           tempesta                               incendio
                                              pericolo
                        confusione
                  pistola              ambulanza
              ladro                        incidente
          buio                                ferito
lampada                                                 dito
```
Abb. 2

2. Geben Sie den Lernern die Liste der Wörter, die Sie zur Wiederholung ausgewählt haben. Aus dieser Liste lassen Sie 5 beliebige Wörter auswählen und – entsprechend Abb.1 – auf ein Blatt Papier schreiben. Dann trägt jeder Lerner seine individuellen Assoziationen ein (vgl. Abb. 2).

3. Nach etwa 10 bis 15 Minuten beenden die Lerner die Übung und vergleichen ihre Ergebnisse.

NIVEAU: ★★

LERNZIELE: über sich berichten, spekulieren

Diese Übung versteht sich als „Eisbrecher" zu Beginn eines neuen Kurses, sie kann aber auch später eingesetzt werden.

UNTERRICHTSVERLAUF:

1. Es wird paarweise gearbeitet. Die Lerner können sich selbst ihren Partner suchen, oder Sie bestimmen, wer mit wem zusammenarbeitet. Letzteres empfiehlt sich insbesondere dann, wenn sich die Teilnehmer noch wenig kennen und Schwierigkeiten haben, von sich aus aufeinander zuzugehen.

2. Erklären Sie den Lernern, daß sie ihrem Partner etwas über sich selbst erzählen sollen. Dabei können sie nach Belieben viel oder wenig Persönliches preisgeben. Wichtig ist aber, daß etwa 75% dessen, was sie sagen, *nicht* wahr ist.

Der Ablauf geht so vor sich: Während der eine Partner spricht, macht sich der andere Notizen. Daraufhin werden die Rollen getauscht.

3. Die Lerner wiederholen diesen Vorgang drei- bis viermal mit jeweils unterschiedlichen Partnern. Jedem neuen Partner erzählen sie etwas anderes. Jedoch ist darauf zu achten, daß sie immer über dasselbe Thema (z.B. Hobbys, Familie, Beruf, Reisen) sprechen, d.h. sie erzählen zu *einem* Thema *verschiedene* „Lügengeschichten".

4. Nun wird – mit Hilfe der Notizen – im Plenum berichtet, was jeder einzelne in den verschiedenen Interviews über sich erzählt hat. Dabei treten natürlich Widersprüche zu Tage, und es muß spekuliert werden, wo der „wahre Kern" liegt.

5. Abschließend erzählt jeder soviel „Wahrheit" über sich selbst, wie er möchte.

NIVEAU: ✴✴
LERNZIELE: persönliche Fragen stellen und beantworten

Diese Übung sollte zu einem Zeitpunkt eingesetzt werden, da die Lerner noch nicht allzu viel faktisches Wissen über einander haben. Andererseits muß eine offene Atmosphäre herrschen und echte Kommunikationsbereitschaft gegeben sein.

UNTERRICHTSVERLAUF:

1. Sagen Sie den Lernern, daß Sie bereit sind, Fragen zu Ihrer Person zu beantworten, und bitten Sie sie, 10 möglichst persönliche Fragen, die sie Ihnen gerne stellen möchten, schriftlich zu formulieren.

2. Während die Lerner ihre Fragen zu Papier bringen, gehen Sie reihum und helfen jedem einzelnen bei der Formulierung. (Dabei soll sich Ihre Hilfe und Korrektur jeweils nur auf den letzten Satz beziehen; denn, wenn der Lerner beispielsweise gerade den Satz Nr. 7 formuliert, so kann ein Fehler im ersten Satz für ihn emotional meilenweit entfernt sein!)

3. Wenn jeder Teilnehmer 8 bis 10 Fragen niedergeschrieben hat, wählen Sie einige Lerner aus, für die Sie besondere Sympathie empfinden und von denen Sie glauben, daß auch sie sich in Sie einfühlen können. Bitten Sie sie, im Halbkreis hinter Ihnen Platz zu nehmen, und zwar mit Blickkontakt zur Klasse. Sammeln Sie die Fragen dieser Personen ein und geben Sie sie den anderen Teilnehmern.

4. Nun sitzen Sie – ebenso wie die Personen im Halbkreis – der Klasse gegenüber und fordern diese auf, alle aufgezeichneten Fragen an Sie zu stellen. Sie selbst bleiben stumm; an Ihrer Stelle geben die Personen im Halbkreis die Antworten, von denen sie meinen, daß es auch Ihre Antworten wären.

Während des „Interviews" vermeiden Sie den Augenkontakt mit den Fragestellern, reagieren aber durch Gesten (z.B. Kopfnicken) auf die Antworten Ihrer *Alter Egos*, so daß diese Ihnen „vom Rücken ablesen" können, ob sie in Ihrem Sinne geantwortet haben.

Je stärker Sie sich auf Ihre non-verbalen Reaktionen konzentrieren, umso mehr Intensität und Spannung erhält die Übung.

5. Schließen Sie eine feedback-Runde an. Wie fühlten sich die *Alter Egos* bei der Beantwortung der an Sie gerichteten Fragen? Wie war es am Anfang, wie im Verlauf der Übung? Waren die Fragesteller mit den Antworten zufrieden?

6. Wenn die Lerner daran Interesse zeigen, kann die Übung mit einer anderen Person auf dem „heißen Stuhl" wiederholt werden.

NIVEAU: ★★

LERNZIELE: Fragen stellen und beantworten

VORBEREITUNG:

Wählen Sie einen Lehrbuchtext (Geschichte, Dialog) aus, den die Lerner vor kurzem erarbeitet haben. Die Personen der Handlung (es kann sich auch um nur eine einzige Person handeln) sollten fiktive Gestalten sein. Bereiten Sie Fragen vor, die sich auf diese Person/en beziehen und deren Beantwortung nicht aus dem Text erschlossen werden kann.

UNTERRICHTSVERLAUF:

1. Vergeben Sie die entsprechende/n Rolle/n an einen bzw. mehrere ihrer leistungsfähigsten Lerner und bitten Sie sie, Ihre Fragen zu beantworten, die Sie wie ein eiliger Reporter auf die Interviewten herunterprasseln lassen. Wenn Sie mit Ihren vorbereiteten Fragen am Ende sind, erfinden Sie neue.
Hier ein Beispiel:
Sie: *Enrico, sei sposato?*
Lerner X: *Sì.*
Sie: *Che cosa ha fatto tua moglie quando ha saputo che Franca ...*
Lerner X: *Beh, è andata da lei e ...*
Sie: *Franca, è vero questo?*
Lerner Y: *...*

2. Sobald die Spielregeln bekannt sind, lassen Sie einzelne Lerner die Rolle des Reporters übernehmen. Zum Abschluß bietet sich eine Diskussion darüber an, wie überzeugend die Antworten gewirkt haben und wie die anderen Teilnehmer die Fragen beantwortet hätten.

Anmerkung:
Beim ersten Durchgang übernimmt der Kursleiter die Rolle des Interviewers, damit die Fragen möglichst weit vom Text wegführen und die Lerner gezwungen werden, die Antworten in ihrer Phantasie zu suchen. Wenn diese Übung öfter eingesetzt wird, bekommen alle Lerner die Chance, einmal Interviewer oder Interviewter zu sein.

NIVEAU: ✶✶
LERNZIELE: beschreiben, beurteilen und begründen
MATERIAL: alte Zeitschriften

UNTERRICHTSVERLAUF:

1. Bringen Sie einen Stapel alter Zeitschriften mit und fordern Sie die Lerner auf, sie in den nächsten 15 Minuten durchzublättern und dabei besonders auf die Werbeanzeigen zu achten.

2. Nun wählt jeder Lerner eine Anzeige aus,
   – die ihm/ihr gut gefällt
   – die er/sie gar nicht leiden mag
   – die er/sie werbewirksam findet
   – die er/sie für mißlungen erachtet.

3. Regen Sie nun ein Gespräch über die ausgewählten Anzeigen an: Fordern Sie die Lerner auf, ihre Wahl zu begründen und sich mit Kommentaren und Fragen an der Besprechung der von anderen gewählten Anzeigen zu beteiligen.

Gegebenenfalls können Sie geeignete Redemittel vorgeben, z.B.:
Mi piace perché...
Non mi piace perché...
Trovo che...
Secondo me...
A mio parere...
Direi che...

4. Schreiben Sie einige Werbeslogans an die Tafel, die sich aus Punkt 3 ergeben und die Ihnen Gelegenheit bieten, bestimmte sprachliche Phänomene zu bearbeiten. Vertiefen Sie diese Spracharbeit unter Zuhilfenahme der von den Lernern ausgewählten Anzeigentexte.

26

NIVEAU: ★★

LERNZIELE: Begründungen geben, Vermutungen anstellen

Diese Übung eignet sich insbesondere für Klassen, die schon länger zusammen arbeiten und in denen die Teilnehmer bereits eine Menge voneinander wissen.

UNTERRICHTSVERLAUF:

1. Teilen Sie die Klasse in 4er- bis 6er-Gruppen ein.

2. Jedes Gruppenmitglied schreibt 5 Wörter auf, die in irgendeiner Weise mit den Personen dieser Gruppe zu tun haben.

3. Jede Gruppe erstellt dann eine Liste mit allen von der Gruppe gesammelten Wörtern. Gemeinsam werden sodann 20% der Wörter (d.h. 4-6) gestrichen. Jeder Lerner schreibt die gekürzte Liste ab.

4. Er/Sie setzt nun neben jedes Wort auf der Liste eine Zahl zwischen 0 und 10, wobei 0 für „unwichtig, bedeutungslos" und 10 für „äußerst wichtig" steht. Die Zahl bezieht sich auf die eigene, persönliche Einschätzung des betreffenden Begriffs.

Nun wählt er/sie sich eine Person aus der Gruppe und setzt neben jedes Wort eine zweite Zahl, von der er meint, daß sie der Beurteilung der betreffenden Person entspricht.

Beispielsweise mag ein Lerner neben das Wort *televisione* eine 3 setzen, weil er/sie persönlich lieber ein Buch liest, als zweite Zahl aber eine 8 vermerken, weil er/sie ein Gruppenmitglied gewählt hat, von dem er/sie weiß, daß es die Wochenenden häufig vor dem Bildschirm verbringt.

5. Die Ergebnisse werden nun im Plenum verglichen. Dazu können folgende Fragen gestellt werden:

Ci sono delle parole scelte da tutti i gruppi?
Ci sono grandi differenze di valutazione?
Perché il voto personale è alto in alcuni casi e basso in altri?
Come mi vedono gli altri? Corrisponde a come mi vedo io?

NIVEAU: ★★

LERNZIELE: über eigene Interessen sprechen, über ein Thema referieren; Wortschatz: Hobbys

UNTERRICHTSVERLAUF:

Erste Unterrichtsstunde:

1. Diskutieren Sie mit den Lernern über ihre Hobbys. Bitten Sie dann die Teilnehmer, je drei Interessenbereiche auf ein Blatt Papier zu schreiben.

2. Gruppieren Sie nun die Lerner paarweise und fordern Sie die Zweiergruppen auf, ihre Interessen zu vergleichen. Schließlich sucht sich jedes Paar ein anderes Paar, um das Thema in einer Vierergruppe zu erörtern. Sie gehen in der Zwischenzeit umher und notieren, welche Hobbys am meisten vertreten sind.

3. Nun wird in jeder Vierergruppe ein Sprecher bestimmt, der das Plenum über die Interessen der Gruppe informiert. Fordern Sie die Lerner auf, sich nach Interessengebieten zusammenzufinden. „Einzelgänger" suchen sich die Gruppe, mit der sie sich am ehesten identifizieren können.

4. Bis zum Ende der Unterrichtsstunde bereiten die jeweiligen Gruppen ein einführendes Gespräch vor, mit dem sie in einer der nächsten Unterrichtsstunden die Darstellung ihres Interessenbereichs einleiten werden. Lassen Sie die Gruppen selbst bestimmen, wann sie ihre Berichte abgeben wollen. Sollte es diesbezüglich Meinungsverschiedenheiten unter den Gruppenmitgliedern geben, greifen Sie vermittelnd ein.

Zweite Unterrichtsstunde:

5. Lassen Sie die Gruppen ihren Bericht zum vereinbarten Termin vortragen. Achten Sie jedoch darauf, daß nicht eine Person das Referat beherrscht, sondern sehen Sie zu, daß alle Gruppenmitglieder Gelegenheit zum Sprechen erhalten. Das Gespräch wird dann mit der ganzen Klasse fortgesetzt, wobei die anderen Teilnehmer sowohl Fragen an die Gruppe stellen als auch eigene Beiträge zum Thema liefern.

NIVEAU: ★★

LERNZIELE: Fragen stellen, über Vorurteile diskutieren; Wortschatz: Berufsbezeichnungen, Adjektive

MATERIAL: kleine Kärtchen oder Kopie der Seite 48

VORBEREITUNG:

1. Kopieren Sie die Seite 48 und zerschneiden Sie sie in „Kärtchen", oder stellen Sie selbst eine Liste von etwa 12 Berufsbezeichnungen zusammen. Achten Sie darauf, daß die Liste Berufe enthält, die sowohl positive als auch negative Assoziationen wecken.

2. Schreiben Sie je eine Berufsbezeichnung auf ein Kärtchen.

UNTERRICHTSVERLAUF:

1. Zur Einstimmung in das Thema bitten Sie die Lerner, möglichst viele Adjektive zu nennen, die auf Personen angewandt werden können (z.B.: *gentile, dolce, duro, sensibile, testardo, stupido, timido, distratto, coraggioso, aperto, chiuso, onesto, diffidente, superficiale* etc.), und schreiben Sie sie an die Tafel. Versichern Sie sich, daß alle die Bedeutung dieser Adjektive kennen.

2. Teilen Sie die Klasse in Zweiergruppen und geben Sie jedem Paar ein Kärtchen. Nun wählen die Paare je 10 der an der Tafel stehenden Adjektive aus, von denen sie glauben, daß sie Eigenschaften bezeichnen, die für die Vertreter des betreffenden Berufs typisch sind.

3. Anschließend schlüpfen die beiden Partner in die Rolle „ihres" Berufs und stellen sich aufgrund der entsprechenden Eigenschaften vor. So kann beispielsweise das Paar mit dem Kärtchen *modella* sagen: *Siamo forse spesso un po' stupide e superficiali, ma solo a prima vista. In fondo siamo molto sensibili e abbiamo il senso dell'arte.* Notieren Sie die Klischees, die zu Tage treten (vgl. Punkt 5).

4. Während sich die Paare auf diese Weise vorstellen, versucht der Rest der Klasse, den Beruf zu erraten. Die Fragen können etwa so gestellt werden:
Lavorate in teatro?
Dovete saper cantare?

Geantwortet werden darf nur mit *sì, no* und *qualche volta*.

5. Wahrscheinlich werden die üblichen Klischees vom oberflächlichen Fotomodell und dem zerstreuten Professor auftauchen. Das kann für Sie eine willkommene Gelegenheit sein, eine Diskussion über Art und Entstehung von Vorurteilen einzuleiten.

Zur Einführung in die Thematik bitten Sie die Lerner, eine Liste von wohlbekannten Stereotypen zusammenzustellen. Anschließend schlagen Sie ihnen vor, darüber nachzudenken, welche Menschen sie kennen, die den angesprochenen Personengruppen angehören. Stimmt das Stereotyp mit dem Erscheinungsbild der betreffenden Person überein?

NIVEAU: ✶✶, **VARIANTE:** ✶

LERNZIELE: Fragen und Antworten; Grammatik: *passato prossimo*, Zeitangaben

UNTERRICHTSVERLAUF:

1. Fragen Sie die Lerner reihum nach einem Vorkommnis aus jüngster Zeit, z.B.:
Quand'è stato l'ultima volta che ha comprato qualcosa?
Stellen Sie dazu folgende Fragen: *Dov'è stato? Quanto ha speso? Che cosa ha comprato?*
Oder Sie fragen: *Quando è stato/a al telefono l'ultima volta?* Und Sie fügen hinzu: *Ha telefonato Lei o L'ha chiamato/a qualcuno? Le piace telefonare? Dove sta il telefono a casa Sua? Chi nella vostra famiglia lo usa di più?*

Lassen Sie den Lernern Zeit zum Nachdenken, aber achten Sie auf ein zügiges Tempo. Wenn nötig, können Sie durch eigene Beispiele manche Anregung geben. Machen Sie deutlich, daß der Aspekt „l'ultima volta" die Grundlage für die Diskussion ist. Wenn ein Lerner sagt, daß er/sie sich an die letzte bezahlte Rechnung oder an den letzten Telefonanruf nicht erinnern kann (oder daß das eine allzu persönliche Sache gewesen sei), so gehen Sie auf ein anderes Thema über.

2. Sammeln Sie etwa 25 „ultima volta"-Beispiele und schreiben Sie sie an die Tafel oder auf ein Flip-chart. Versuchen Sie, die Lerner möglichst intensiv an der Erstellung dieser Liste zu beteiligen, aber achten Sie darauf, daß Sie eine gute Mischung von mehr allgemeinen und eher persönlichen Fragen bekommen. Hier eine Reihe von Beispielen:
*l'ultimo acquisto che ha fatto
l'ultima lettera che ha scritto
l'ultimo regalo che ha fatto
l'ultimo libro che ha letto
l'ultimo film che ha visto
l'ultima volta che ha stretto la mano a qualcuno
l'ultima volta che ha cenato fuori
l'ultima volta che si è arrabbiato/a
l'ultima volta che ha dato un bacio a qualcuno
l'ultima volta che ha fatto un errore
l'ultima volta che ha dato l'elemosina
l'ultima volta che ha dimenticato qualcosa
l'ultima volta che ha detto una bugia
l'ultima volta che è andato/a in chiesa
l'ultima volta che è andato/a a teatro
l'ultima volta che ha perso qualcosa
l'ultima volta che è arrivato/a in ritardo
l'ultima volta che è stato/a all'estero
l'ultima volta che ha provato una grande gioia*

3. Die Lerner arbeiten nun paarweise. Jedes Paar wählt 12 der aufgelisteten Themen aus, um darüber zu sprechen. Wenn die Partner einzelne Punkte intensiver besprechen möchten, so können auch weniger Themen behandelt werden. Ebenso ist es möglich, eine größere Anzahl von Themen zu streifen, wenn kein Bedürfnis besteht, ins Detail zu gehen. Jedenfalls liegt die Entscheidung bei den Lernern, die somit selbst bestimmen, wie distanziert oder wie persönlich die einzelnen Themen behandelt werden sollen.

4. Nun diskutieren die Paare über die von ihnen ausgewählten Themen.

VARIANTE für den Anfängerunterricht:
Punkt 1: wie oben
Punkt 2: Erstellen Sie gemeinsam mit den Lernern eine Liste von etwa 25 Tätigkeiten und schreiben Sie sie an die Tafel (z.B. *scrivere una lettera, fare un viaggio, dare un bacio a qualcuno* etc.).
Die Lerner fragen einander nun in Zweiergruppen, wann sie diese Tätigkeiten zuletzt ausgeführt haben. Beispiel: *Quando ha scritto una lettera l'ultima volta? – Due mesi fa.*
Punkt 3 und 4 entfallen.

30

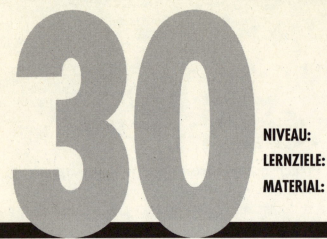

NIVEAU: ★★
LERNZIELE: Grammatikarbeit (nach Wahl der Lerner)
MATERIAL: Kärtchen in Postkartengröße

VORBEREITUNG:

Überlegen Sie, welche Grammatikprobleme Sie wiederholen möchten und schreiben Sie je eines – klar formuliert und für alle Lerner verständlich – auf ein Kärtchen. Gegebenenfalls geben Sie zur Verdeutlichung ein Beispiel an.

UNTERRICHTSVERLAUF:

1. Bitten Sie je 6 Lerner, sich in einen Stuhlkreis zu setzen, und geben Sie jedem Teilnehmer ein Kärtchen. Achten Sie darauf, daß auf jedem Kärtchen ein anderes Grammatikproblem verzeichnet ist und daß die Lerner den Inhalt ihres Kärtchens für sich behalten.

2. Schlagen Sie nun jeder 6er-Gruppe ein Diskussionsthema vor (z.B. Urlaubsplanung, Vorbereitung eines Kindergeburtstags etc.), das die Teilnehmer interessiert.

3. Die Diskussion geht nun so vor sich, daß sich die Teilnehmer zum Thema äußern und dabei jeweils die auf ihrem Kärtchen angegebene Struktur verwenden.

Hier ein Beispiel:
Auf Roberts Kärtchen steht *passato prossimo*, auf Natalias Kärtchen *possessivo*. Das Diskussionsthema lautet: *Vacanze al mare*.

Robert könnte sagen: *L'anno scorso ho passato le vacanze al mare, ma ho deciso: mai più!*

Und Natalias Beitrag könnte lauten:
Mi piacerebbe tanto andare al mare in Grecia, ma mio marito vuole andare in Svizzera e mia figlia vorrebbe invitare una sua amica a passare due settimane a casa nostra.

4. Helfen Sie, wo es nötig erscheint, lassen Sie aber die Lerner sich gegenseitig korrigieren, soweit dies möglich ist. Brechen Sie die Übung nach 5 bis 10 Minuten ab.

Nun sollen die Lerner sagen, welche Strukturen die anderen ihrer Meinung nach wiederholt benutzt haben.

5. Wenn entsprechendes Interesse vorhanden ist, können die Lerner ihre Kärtchen austauschen, ein neues Diskussionsthema wählen und die Übung wiederholen.

NIVEAU: ✶✶

LERNZIELE: Gegenstände beschreiben, Vermutungen ausdrücken

MATERIAL: große Tasche, Beutel oder Korb

UNTERRICHTSVERLAUF:

1. Legen Sie einen persönlichen Gegenstand in den Behälter, ohne zu zeigen, was es ist. Bitten Sie nun die Lerner, dasselbe zu tun, während Sie den Behälter herumreichen.

(Bei Klassen unter 7 Teilnehmern empfiehlt es sich, daß jeder Lerner zwei Gegenstände abgibt.)

2. Schütten Sie nun den Inhalt vorsichtig (!) auf einem Tisch aus, oder nehmen Sie die Gegenstände nach und nach aus dem Behälter heraus. Sagen Sie den Lernern, daß sie jetzt nicht ausplaudern sollen, wem was gehört.

3. Besprechen Sie nun jeden Gegenstand einzeln. Lassen Sie ihn genau beschreiben und benennen. Schreiben Sie das anfallende Vokabular an die Tafel.

4. Sagen Sie den Lernern, daß es nun ihre Aufgabe ist, festzustellen, was wem gehört. Um Vermutungen auszudrücken, können Redemittel wie folgende angeboten werden:

Secondo me questo orologio appartiene a...
Direi piuttosto che...
Credo che...
Potrebbe anche...
Chissà se ...
Sono convinto/a che...

Achten sie darauf, daß jeweils auch Begründungen für die Annahmen gegeben werden. Die angesprochenen Personen antworten jeweils mit:
Sì, è mio/a. Oder: *No, non è mio/a.*

Die Übung ist beendet, wenn alle Gegenstände zu ihrem Eigentümer zurückgekehrt sind.

NIVEAU: ★★
LERNZIELE: Wortschatzarbeit

VORBEREITUNG:

Formulieren Sie Definitionen, die auf bestimmte Dinge gleichermaßen zutreffen (vgl. Punkt 4).

UNTERRICHTSVERLAUF:

1. Erklären Sie, was unter diesen Definitionen zu verstehen ist und geben Sie einige Beispiele: Che cosa hanno in comune il *cielo*, i *jeans*, il *mare*, un *livido* e uno *zaffiro*? (Sono tutti *blu*.)

2. Bitten Sie zwei Kursteilnehmer, nach vorne zu kommen und sich mit dem Rücken zur Tafel aufzustellen. Schreiben Sie nun beispielsweise an die Tafel: *cose che si aprono e si chiudono* und lassen Sie die Klasse Beispiele nennen (wie z.B. una *porta*, la *bocca*, un *negozio*, la *banca*, un *conto bancario* etc.), die Sie ebenfalls an die Tafel schreiben.

3. Nach einigen Minuten löschen Sie die Definition, so daß nur noch die einzelnen Wörter an der Tafel stehen. Bitten Sie nun die beiden Lerner, die nach vorne gekommen waren, sich umzudrehen und herauszufinden, was die aufgelisteten Wörter gemeinsam haben. Sie können Fragen stellen und Vermutungen äußern. Wenn das Raten ins Stokken gerät, helfen Sie mit einigen Beispielen nach; lassen Sie aber die Lerner nicht um das Vergnügen kommen, „die Nuß zu knacken".

4. Wiederholen Sie das Spiel mit einem anderen Lernerpaar und anderen Definitionen. Hier sind einige Beispiele:
cose che sono sempre due
cose che non si possono comprare
cose da tenere in frigorifero
cose che fanno paura
cose che si trovano in un ufficio
cose che hanno un profumo particolare
cose che sono fatte di vetro
cose invisibili
cose che si trovano in cucina

5. Wenn entsprechendes Interesse besteht, können Sie weitere Definitionen von den Lernern finden lassen. Schreiben Sie die Beispiele an die Tafel. Teilen Sie dann die Klasse in Kleingruppen und geben Sie 10 Minuten Zeit, damit die Lerner zu 2 bis 3 Definitionen entsprechende Beispiele finden.

6. Ein/e Sprecher/in trägt dann die zu den einzelnen Definitionen gefundenen Wörter im Plenum vor.

33

NIVEAU: ★★
LERNZIELE: Begriffe umschreiben, definieren; Wortschatzwiederholung
MATERIAL: Kärtchen in Postkartengröße

VORBEREITUNG:

Schreiben Sie auf jedes Kärtchen 5 Wörter, die nach einem von Ihnen gewählten Kriterium zusammenpassen. Sie benötigen für jeden Lerner ein Kärtchen. Wenn die Teilnehmerzahl sehr groß ist, lassen Sie in Paaren arbeiten; Sie benötigen dann nur ein Kärtchen für je zwei Lerner. Achten sie darauf, daß sowohl die Kategorien als auch die einzelnen Wörter bekannt sind. Hier einige Beispiele:

Parole che cominciano con „l"	Cose che sono rosse	Liquidi
lingua	sangue	acqua
latte	fuoco	sangue
lavoro	ciliegia	vino
luce	pomodoro	benzina
libro	rossetto	latte

UNTERRICHTSVERLAUF:

1. Geben Sie jedem Lerner bzw. Paar eine Karte und 5 Minuten Vorbereitungszeit, um sich zu überlegen, wie sie diese fünf Wörter der Klasse beschreiben können. Die Beschreibung soll möglichst knapp und präzise sein. Gesten sind nicht erlaubt.

2. Nach Ablauf der Vorbereitungszeit umschreiben die Lerner – wie in Punkt 1 dargestellt – ihre Begriffe, und der Rest der Klasse versucht, sie zu erraten und anschließend auch die Kategorie zu bestimmen, der sie angehören.

VARIANTE:
Wenn Sie dem Spiel mehr Wettbewerbscharakter verleihen möchten, teilen Sie die Klasse in zwei Gruppen und vergeben Punkte für richtige Antworten.

34

NIVEAU: ★★
LERNZIELE: beschreiben, Vermutungen anstellen, eine Geschichte erzählen
MATERIAL: Overheadprojektor

VORBEREITUNG:

Kopieren Sie die Zeichnungen von Seite 55 auf eine Folie.

UNTERRICHTSVERLAUF:

1. Wiederholen Sie mit den Lernern die Redemittel, die verwendet werden, um eine Vermutung auszudrücken, z.B.:
A mio parere...
Secondo me...
Potrebbe anche...
Forse...
Chissà se...
Probabilmente... etc.

2. Legen Sie die Folie auf den Overheadprojektor und decken Sie sie so ab, daß nur Bild 1 sichtbar ist. Fordern Sie die Lerner auf, zu sagen, was sie sehen. Mögliche Antworten sind z.B.:
C'è qualcuno a letto.
Vedo un uomo che sta dormendo...

3. Nun fragen Sie die Lerner, ob dieser Mann wirklich schläft oder ob man vielleicht etwas anderes vermuten könnte:
Quest'uomo dorme veramente?

Geantwortet werden kann etwa so:
Potrebbe anche essere morto.
Secondo me si riposa.

4. Sammeln Sie möglichst viele korrekte Sätze und decken Sie dann nach und nach die Bilder 2 bis 5 auf. Verfahren Sie mit jedem Bild wie bei Bild 1 beschrieben. Versuchen Sie, den Übungsablauf möglichst wenig zu steuern und der Phantasie der Lerner freien Lauf zu lassen. Geben Sie Ihre eigenen Ideen nur ein, wenn der Prozeß ins Stocken gerät.

5. Lassen Sie zum Abschluß die Lerner (in Kleingruppen, im Plenum oder als Hausaufgabe) die Geschichte – samt Vorgeschichte – erzählen, die sich hinter dem Bild 5 verbergen könnte.

Mögliche Aussagen zu den Bildern:

Bild 2: *Potrebbe essere ferito. Forse il vaso gli è caduto sulla testa. Chissà se è svenuto. Secondo me è triste e sta guardando le stelle.*

Bild 3: *Il vento ha probabilmente aperto la finestra. Qualcuno deve averlo ferito col vaso. Qualcuno potrebbe avere aperto la finestra per far entrare un po' di aria fresca.*

Bild 4: *Secondo me qualcuno l'ha ucciso. Potrebbe anche piangere. Probabilmente si tratta di un delitto.*

Bild 5: *Quest'uomo deve averlo ucciso. A mio parere la vittima non è morta. Molto probabilmente il fatto è successo durante la notte.*

Anmerkung:
Wenn Sie gut zeichnen können oder keinen Overheadprojektor zur Verfügung haben, können Sie die Bilder auch an die Tafel zeichnen.

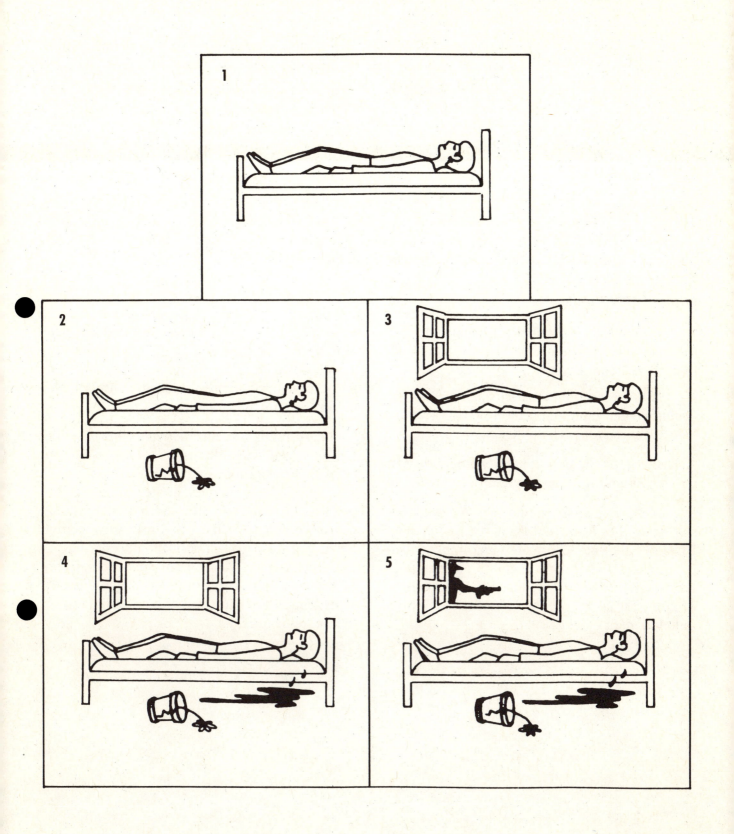

NIVEAU: ✶✶

LERNZIELE: Vermutungen anstellen, begründen, einen Brief schreiben; Handschriften entziffern

MATERIAL: zwei handgeschriebene Briefe oder Kopien von S. 57; Personenfotos aus Zeitschriften

VORBEREITUNG:

Bereiten Sie zwei handgeschriebene Briefe vor (wobei einer die Antwort auf den anderen sein soll), oder kopieren Sie die Karten mit den entsprechenden Antworten auf S. 57 f.

UNTERRICHTSVERLAUF:

1. Reichen Sie die Schreiben (Originale oder Fotokopien) herum und geben Sie den Lernern genügend Zeit zum Lesen.

Da das Entziffern der Handschriften Schwierigkeiten bereiten kann, empfiehlt es sich, gegebenenfalls in Paaren arbeiten zu lassen.

2. Diskutieren Sie den Inhalt der Briefe/Karten und die Situation, in der sie geschrieben wurden.

3. Lassen Sie nun die Lerner die Personen beschreiben, die diese Briefe/Karten verfaßt haben. Über eine allgemeine Beschreibung hinaus sollen Vermutungen über den Lebensstil der Verfasser angestellt werden. Die Handschrift und die Ausdrucksweise lassen ebenfalls phantasievolle Spekulationen zu.

4. Verteilen Sie Personenfotos aus Zeitschriften und fordern Sie die Lerner auf, Hypothesen aufzustellen, welche dieser Personen die Briefe/Karten geschrieben haben könnten, und ihre Annahmen zu begründen.

5. Im Anschluß an diese Übung bitten Sie die Lerner – gegebenenfalls als Hausaufgabe – einen Brief als Erwiderung auf das/die Antwortschreiben (vgl. S. 58) zu verfassen. Sie sammeln diese Briefe in der nächsten Stunde ein. In der Stunde darauf verteilen Sie die von Ihnen korrigierten Briefe. Sie teilen die Klasse in 4er- oder 6er-Gruppen und lassen die Kleingruppen über Schreibstil, Schrift und Inhalte diskutieren. Sagen die verschiedenen Briefe etwas über die Persönlichkeit der Schreiber aus?

Paolo Muni

Cara Anna,
finalmente è finita!
Mi sono laureato e ora voglio fare una festa grandiosa. Ma non so ancora dove, come e con chi.
Dammi tu dei consigli, altrimenti non so da che parte cominciare. Non farmi aspettare. Fatti viva al più presto!

Ciao
Marco

Anna Marini
Via Pergolesi, 15
40100 BOLOGNA

Spiaggia di Chia (CA)
A-010

© Edizioni Muni - Tel. (070) 823267 - Stampacolor - Riproduzione vietata

Jheronimus Bosch, *Trittico degli eremiti*, particolare dell'anta sinistra. Palazzo Ducale, Venezia.

Gianni! Sei sempre il solito!
Ti ho aspettato due ore alla stazione. Se non mi scrivi subito non ti parlerò mai più!
Flaminia

Giovanni Sparla
San Marco 5007
30124 VENEZIA

Stampa Tipografia Commerciale Venezia

Die Texte der beiden Karten sind den Lehrwerken Corso Italia *(Klett 1994) bzw.* UNO *(Bonacci/Klett 1992/94) entnommen.*

© Ernst Klett Verlag für Wissen und Bildung GmbH, Stuttgart 1993. Alle Rechte vorbehalten. (Vervielfältigung zum Unterrichtsgebrauch gestattet)

Caro Marco,
allora sei proprio dottore! Congratulazioni!
L'idea della festa mi pare ottima. Visto che la stagione è buona si potrebbe organizzare un bel picnic in riva al lago. O preferisci la festa classica, con musica e balli?
Senti, siccome la prossima settimana ho del tempo libero, potremmo incontrarci per parlare con calma dei particolari. Che ne dici?

Ti abbraccio, dottore!

Anna

Cara Flaminia,
scusami per l'altro giorno, ma sai, il traffico... Per farmi perdonare ti offro una cena al ristorante. Va bene sabato sera? Ti passo a prendere alle otto e mezza.

Gianni

NIVEAU: ★★
LERNZIELE: textsortenspezifische Ausdrucksweise (Telefon, Telegramm, Brief)
MATERIAL: Telegramme (je 1 pro Lerner)

VORBEREITUNG:

Kopieren Sie das Telegrammformular auf S. 60 mehrfach und füllen Sie es mit entsprechenden Texten aus.
Hier einige Beispiele:

a) **TANTI AUGURI PER IL MATRIMONIO: FELICITÀ E SALUTE. GIOVANNA E CARLO**
b) **ANNULLARE VIAGGIO CINA. GAMBA ROTTA. SEGUE LETTERA. FRANCO**
c) **MANDAMI SOLDI. PASSAPORTO RUBATO. VALERIA**
d) **ZIO ETTORE MORTO. FUNERALI GIOVEDÌ ORE 14. SALVATORE**
e) **SUO MARITO RICOVERATO OSPEDALE SAN LUCA PER INCIDENTE AUTO. PREGASI VENIRE SUBITO. P. DIBIASI**

UNTERRICHTSVERLAUF:

1. Sprechen Sie mit den Lernern über den Gebrauch und das Abfassen von Telegrammen sowie über den Unterschied zwischen telefonischen, schriftlichen und telegrafischen Mitteilungen. Verteilen Sie daraufhin die von Ihnen vorbereiteten Telegramme.

2. Es wird in Zweiergruppen gearbeitet. Jedes Paar überlegt, wer der Absender bzw. Empfänger der beiden Telegramme sein könnte, und wählt dann eines der Telegramme aus, um gemeinsam einen Brief an den Empfänger zu schreiben, in dem der Inhalt des Telegramms näher erläutert wird.

3. Daraufhin konstruieren die Zweiergruppen ein Telefongespräch zwischen dem Empfänger und dem Absender des anderen Telegramms.

4. Sammeln Sie nun die Briefe ein, besprechen und korrigieren Sie die Fehler und reichen Sie die Briefe – zusammen mit den entsprechenden Telegrammen – in der Klasse herum.

5. Daraufhin werden die imaginierten Telefongespräche in Dialogform vorgetragen.

VARIANTEN:

a) Vor dem Verfassen des Briefes und der Ausarbeitung des Telefongesprächs können die Lerner selbst Telegrammtexte entwerfen. Geben Sie eine bestimmte Situation und eine bestimmte Anzahl von Wörtern vor.

b) Ergänzung zu Punkt 4: Die Briefe können von anderen Paaren oder auch von einzelnen beantwortet werden.

TELEGRAMMA
TELEGRAMME
TELEGRAMM
TELEGRAM

TELEGRAFI DELLO STATO

MOD. 25 - CODICE 088100 - EDIZ. 1989

Spazio riservato all'ufficio / for official use only / espace réservé aux services / Dienstvermerke

Indicazioni obbligatorie ad uso dell'ufficio / Compulsory indications for official use only / Indications obligatoires à l'usage exclusif du bureau / Nur für Amtszwecke vorgeschriebene Angaben

Cognome/nome e domicilio del mittente
Sender's name and permanent address
Nom/prénom et domicile de l'expéditeur
Vor- und Nachname und Wohnsitz des Absenders

Qualifica / Bezeichnung
Numero / Parole / Date / Ora / Provenienza
Bollo a data
Trasmesso / IT / T.T.G. di trasmissione
ore
Trasmittente

Indirizzo corretto: consegna più rapida / correct address: faster delivery / adresse exacte: remise plus rapide / richtige Adresse: schnellere Zustellung

Destinatario / to destinataire / Anschrift
Indirizzo / address adresse / Adresse

C.A.P. / P.L.Z.

Località / place / localité / gegend
(Stato / country / pays / staat)

STAMPATELLO / BLOCK LETTERS / CARACTÈRE D'IMPRIMERIE / BLOCKSCHRIFT

TESTO / TEXT / TEXTE

L'Amministrazione non assume alcuna responsabilità civile in conseguenza del servizio telegrafico / The P.T. Administration declines all responsability for problems regarding telegraf service / L'Administration ne prend sur soi aucune responsabilité civile en conséquence du service télégrafique / Die Verwaltung übernimmt keinerlei zivile verantwortung hinsichtlich des telegraphischen dienstes.

© Ernst Klett Verlag für Wissen und Bildung GmbH, Stuttgart 1993. Alle Rechte vorbehalten. (Vervielfältigung zum Unterrichtsgebrauch gestattet)

37

NIVEAU: ★★
LERNZIELE: Briefe verfassen, diktieren
MATERIAL: ca. 40-60 kleine Zettel

UNTERRICHTSVERLAUF:

1. Geben Sie jedem Lerner 4 bis 6 Zettel.

2. Erläutern Sie, daß nun jedes Gruppenmitglied kleine Briefe an andere Gruppenmitglieder schreiben wird, daß auf jedem Briefchen ein Absender und ein Empfänger stehen muß und daß das Schriftstück sofort übergeben werden soll.

3. Die Lerner beantworten daraufhin die Briefe, die sie erhalten haben, und übergeben sie dem Empfänger.

4. Auch Sie nehmen an der Übung teil.

VARIANTEN:

1. Damit es nicht vorkommt, daß einige Gruppenmitglieder keine Briefe erhalten, kann die Übung folgendermaßen abgeändert werden:
a) Die Lerner schreiben einen Brief, setzen ihre Unterschrift darunter, legen aber den Empfänger nicht fest.
b) Die Briefe werden auf einen Tisch gelegt.
c) Jeder Lerner nimmt einen Brief und beantwortet ihn.
Auf diese Weise bekommt jeder und jede einen Brief, den er/sie beantworten kann.

2. Eine weitere Variante ist diese:

Erste Unterrichtsstunde:
a) Bitten Sie die Lerner, Ihnen einen Brief zu schreiben und ihn Ihnen persönlich zu übergeben. Geben Sie dafür etwa 10 Minuten Zeit.
b) In der Zwischenzeit schreiben Sie Briefe an drei oder vier Lerner und übergeben sie ebenfalls. Zu Hause beantworten Sie die einzelnen Briefe, die Sie von den Lernern erhalten haben, ohne sie sprachlich zu kommentieren oder zu korrigieren.

Zweite Unterrichtsstunde:
c) Verteilen Sie Ihre Antwortbriefe und fordern Sie die Lerner auf, an irgendjemanden in der Gruppe einen Brief zu schreiben.
d) In der Zwischenzeit schreiben Sie wieder Briefe an einige Lerner, wobei Sie Gruppenmitglieder auswählen können, von denen Sie glauben, daß sie von den anderen keinen Brief erhalten werden.

Durch dieses Vorgehen wird das Lesen und Schreiben von Briefen schrittweise vom Lehrer auf die Lerner übertragen.

3. Eine andere Variante, die an die Dorfschreiber aus alten Zeiten erinnert, ist diese:
a) Die Lerner suchen sich einen Partner.
b) Partner A will einen Brief an ein Gruppenmitglied (Person X) schreiben, er/sie kann aber selbst nicht schreiben und diktiert daher den Brief dem Partner B, der ihn auch der Person X übergibt.
c) Nun möchte X antworten. Er/Sie bedient sich seines/ihres Partners Y, der den Brief schreibt und A übergibt.
d) Da diese Übung sehr anspruchsvoll ist und den Lernern viel mündliche und schriftliche Koordination abverlangt, sollten Sie sie rechtzeitig beenden, um die Teilnehmer nicht zu überfordern.

NIVEAU: ✶✶

LERNZIELE: Erstellen von situationsgerechten Dialogen (schriftlich und mündlich)

MATERIAL: Kärtchen; Cassettenrecorder; Musikcassette (flotte Musik); großer Unterrichtsraum, der es den Lernern erlaubt, sich frei zu bewegen, und der die Möglichkeit bietet, eine „Bühne" einzurichten

VORBEREITUNG:

Schreiben Sie auf je ein Kärtchen die Bezeichnung für eine Örtlichkeit, z.B. *albergo, ristorante, casa, strada, stazione, treno,* etc. Sie benötigen jeweils ein Kärtchen für vier Lerner, wobei es sich empfiehlt, auf jedes Kärtchen ein anderes Wort zu schreiben.
Bilden Sie einen möglichst großen Stuhlkreis, so daß in der Mitte genügend Platz für die „Bühne" vorhanden ist.

UNTERRICHTSVERLAUF:

1. Beginnen Sie mit einer einfachen Lockerungsübung: Sie (und die Lerner) bewegen zuerst nur einen Finger, dann die ganze Hand, dann Hand und Unterarm, dann den ganzen Arm bis zur Schulter, dann den anderen Arm, dann ein Bein, dann das andere Bein etc., bis schließlich der ganze Körper entspannt ist. Wenn sich bei dem einen oder anderen Teilnehmer Widerstand zeigt, fordern Sie ihn mit sanftem Nachdruck zum Mitmachen auf. Diese Vorübung ist nämlich unerläßlich, da sie hilft, Hemmungen abzubauen. Meist bewirkt sie entspannendes und entspanntes Gelächter.

2. Bitten Sie die Lerner, aufzustehen und im Stuhlkreis umherzugehen. Schalten Sie die Musikcassette ein, so daß eine lockere Atmosphäre entsteht. Nach kurzer Zeit stoppen Sie die Musik. Die Lerner bleiben sofort stehen und bilden – entsprechend ihrem Standort – Viererguppen.

3. Geben Sie jeder Gruppe ein Kärtchen (siehe: Vorbereitung) und erläutern Sie, daß nun jeweils zwei Lerner einer Gruppe einen kleinen Dialog erstellen, dessen Schauplatz der auf dem Kärtchen angegebene Ort ist. Die anderen beiden Lerner werden später diesen Dialog pantomimisch darstellen. Während der Texterstellung können sie ihre Kritik einbringen und protestieren, wenn ihnen bestimmte Details nicht darstellbar erscheinen.

Weisen Sie die Lerner darauf hin, daß sie in dieser Übungsphase unter keinen Umständen mit den anderen Gruppen Informationen austauschen sollen (vgl. Punkt 5).
Gehen Sie umher und helfen Sie, wenn nötig.

4. Als Vorbereitung für Punkt 5 schreiben Sie eine Reihe von Örtlichkeiten an die Tafel, darunter diejenigen, die Sie bereits auf die Kärtchen geschrieben haben, wobei Sie dem Substantiv jeweils die richtige Präposition voranstellen, z.B.: *all'albergo, al ristorante, a casa, per la strada, alla stazione, in treno* (vgl. Punkt 5a).

5. Bitten Sie nun ein Pantomimen-Paar, in die Mitte zu kommen und den Dialog ohne Worte darzustellen. Im Anschluß daran analysiert der Rest der Klasse die Szene im Hinblick auf folgende Fragen:
a) *DOVE ha luogo la scena?*
b) *CHI parla con CHI?*
c) *DI CHE COSA si parla?*
d) *Altro.*

6. Nachdem die Klasse ihre Hypothesen über die Szene (entsprechend den Fragen unter Punkt 5) aufgestellt hat, lesen die Verfasser des Textes diesen laut vor. Phonetische, grammatikalische und lexikalische Fehler werden korrigiert.

7. Eine Gruppe nach der anderen mimt nun die Szene und trägt den Text vor (vgl. Punkt 5 und 6).

NIVEAU: ★★

LERNZIELE: kreatives Schreiben – Phantasiedialog erstellen

VORBEREITUNG:

Ordnen Sie die Stühle halbkreisförmig um die Tafel an. Achten Sie darauf, daß kein Gegenstand den Blick zur Tafel verstellt; andernfalls könnten die Lerner an der unter Punkt 2 beschriebenen Aufgabe gehindert werden.

UNTERRICHTSVERLAUF:

1. Bitten Sie die Lerner, auf den Stühlen Platz zu nehmen, und sehen Sie auch für sich selbst einen Stuhl vor.

2. Zeichnen Sie einen Gegenstand an die Tafel oder bitten Sie einen Lerner, etwas Einfaches darzustellen. Fordern Sie dann die anderen auf, weitere Zeichnungen hinzuzufügen. Die Tafel soll voll, aber nicht überfrachtet werden. Etwa zehn Objekte reichen aus. Es ist nicht nötig, daß die gezeichneten Gegenstände in einem erkennbaren Zusammenhang stehen, wenn sich dies auch oft von selbst ergibt. Sie können beispielsweise mit der Zeichnung eines Baumes beginnen. Meist fügen die Lerner eine Person, ein Tier, ein Haus, die Sonne usw. hinzu.

3. Fordern Sie die Lerner auf, sich einen Dialog zwischen zwei der dargestellten Gegenstände oder Personen auszudenken und aufzuschreiben. Dies kann in Einzelarbeit oder in Partnerarbeit durchgeführt werden. Bei dieser Zeichnung könnte das Gespräch zwischen dem Fisch und dem Boot, zwischen dem Haus und der Sonne oder zwischen einem der Kinder und dem Wasser geführt werden. Jeder Lerner bzw. jedes Lernerpaar sollte einen Dialog schreiben.

4. Wenn die Lerner mit ihrer Arbeit beginnen, entfernen Sie sich für kurze Zeit aus dem Stuhl-Halbkreis, damit sich die Lerner nicht unter Druck gesetzt fühlen. Gliedern Sie sich dann zum richtigen Zeitpunkt wieder ein, geben Sie die nötigen Hilfestellungen und nehmen Sie behutsam Fehlerkorrekturen vor.

5. Bitten Sie die Lerner, ihre Dialoge dem Plenum vorzutragen. Sehen Sie genügend Zeit vor, um alle auftretenden Fragen zu beantworten. (Variante: Sie kopieren die Dialoge und hängen sie an die Wand. So können die Lerner die Texte in der Pause in Ruhe durchlesen.)

Wenn Interesse besteht, kann abschließend darüber diskutiert werden, warum sich die einzelnen Lerner für die gewählten Gegenstände entschieden haben.

40

NIVEAU: ✶✶

LERNZIELE: beschreiben, Textproduktion und freies Sprechen; Wortschatz: Wohnen

UNTERRICHTSVERLAUF:

1. Geben Sie jedem Lerner ein Blatt Papier mit der Bitte, die Außenansicht eines Hauses mit möglichst vielen Details (z.B. Kamin, Garten etc.) zu zeichnen. Jeder arbeitet für sich und faltet dann das Blatt in der Mitte, so daß das Haus nicht sichtbar ist.
Die Blätter werden eingesammelt, auf einen Tisch gelegt und gemischt. Jeder Lerner nimmt ein Blatt und öffnet es.

2. Nun beschreiben die Lerner reihum das Haus, das auf ihrem Blatt dargestellt ist. Fordern Sie sie auf, sich verschiedene Details wie z.B. die Einrichtung, die verwendeten Farben und die Lage des Hauses sowie seine Bewohner vorzustellen und sie zu beschreiben.

3. Nun werden alle Zeichnungen zur Ansicht auf den Tisch gelegt. Jeder Lerner wählt ein Haus aus, das ihm besonders gefällt, und schreibt seinen Namen auf die Rückseite des Blattes. Es sollte aber auf jedem Blatt nicht mehr als ein Name stehen.

4. Bitten Sie nun die Lerner, die Häuser jeweils auf 3er-Gruppen (eventuell auch auf ein bis zwei 4er-Gruppen, falls die Teilnehmerzahl nicht durch drei teilbar ist) zu verteilen, und zwar so, daß die Häuser – nach Einschätzung der Lerner – möglichst gut zusammenpassen.

5. Wenn die Häusergruppen gebildet sind, setzen sich die Lerner, deren Namen eine Gruppe bilden, zusammen und denken sich einen 3-Minuten-Sketch aus, der die „nachbarlichen Beziehungen" zwischen den Bewohnern der 3 (oder 4) Häuser zum Thema hat.

6. Abschließend präsentiert jede Gruppe ihren Sketch im Plenum.

41

NIVEAU: ★★

LERNZIELE: beschreiben, räumliche Beziehungen erklären; Grammatik: Ortsadverbien und -präpositionen; Wortschatz: Wohnen

MATERIAL: farbiges Zeichenpapier, davon für jede Kleingruppe ein Blatt in Din A 4 - Format, Filzstifte, Scheren

VORBEREITUNG:

Ordnen Sie das Material so, daß jeweils eine Kleingruppe ausreichend selbständig arbeiten kann. Schneiden Sie aus dem farbigen Zeichenpapier Modelle von Möbeln (Tisch, Bett etc.) aus, sofern Sie dies nicht den Lernern überlassen wollen. (vgl. Punkt 1)

UNTERRICHTSVERLAUF:

1. Teilen Sie die Lerner in Kleingruppen (3 bis 4 Teilnehmer) und verteilen Sie die Materialien. Es geht nun darum, ein Zimmermodell zu erstellen, eine Wohnung zu gestalten oder ein ganzes Haus einzurichten.

2. Während die Lerner über die Position der einzelnen Möbel diskutieren, benutzen sie Ortsangaben (*nell'angolo, in mezzo, a destra, vicino alla porta*) und den erforderlichen Themenwortschatz (*letto, divano, sala da pranzo, bagno*). Gehen Sie umher und unterstützen Sie die Lerner dabei, sich möglichst präzise auszudrücken.

3. Wenn die Gruppen ihre Pläne fertiggestellt haben, zeigen sie sich ihre Arbeiten gegenseitig und besprechen sie.

4. Die Übung kann folgendermaßen erweitert werden: Die Lerner sitzen paarweise Rücken an Rücken. Partner A beschreibt sein Schlafzimmer und Partner B zeichnet dieses nach den Beschreibungen von A auf. Dann werden die Rollen getauscht und abschließend die Zeichnungen überprüft.

VARIANTE:

1. Die Klasse wird in zwei Gruppen geteilt. Jede Gruppe schnippelt Möbel für den Plan eines Zimmers, und zwar in doppelter Ausführung (zwei gleich große Tische, zwei Kühlschränke, zwei Fernseher etc).

2. Nun erhält jede Gruppe ein großes Zeichenblatt (= Zimmerplan), auf das die Hälfte der Möbel (nur einer der beiden Tische, nur einer der beiden Kühlschränke und nur einer der beiden Fernseher etc.) so aufgeklebt wird, daß eine Zimmereinrichtung entsteht.

3. Wenn beide Gruppen ihre Zimmer gestaltet haben, ohne sie den anderen zu zeigen (!), erhält Gruppe A ein weiteres großes Zeichenblatt und die andere Hälfte der ausgeschnittenen Möbel der Gruppe B. Es ist Aufgabe der Gruppe A, sich die Zimmereinrichtung von Gruppe B beschreiben zu lassen und den Plan mit dem erhaltenen Material und nach den zu erfragenden Angaben zu gestalten. Anschließend werden die Pläne verglichen. Schließlich tauschen die Gruppen ihre Rollen.

NIVEAU:	✶✶
LERNZIELE:	beschreiben, begründen, Fragen stellen und beantworten
MATERIAL:	mindestens 2 Fotos, Bilder aus Zeitschriften oder Postkarten etc.

VORBEREITUNG:

Kleben Sie ein bis zwei interessante Bilder möglichst auf Karton auf. Die Bildauswahl (z.B. Personen, Landschaften, Häuser, Stadtplan etc.) richtet sich nach dem thematischen Wortschatz, der gezielt geübt werden soll.

UNTERRICHTSVERLAUF:

1. Erklären Sie die Spielregeln genau. Kündigen Sie an, daß Sie zwei Lernern ein Bild geben werden, das die anderen nicht sehen sollen. Die beiden werden je eine Beschreibung des Bildes geben, wobei die eine richtig, die andere frei erfunden ist. Nach Anhörung der beiden Beschreibungen stellt die Klasse Fragen zum Bild, um herauszufinden, welche Beschreibung der Realität entspricht. Alle gestellten Fragen müssen wahrheitsgemäß beantwortet werden.

2. Bestimmen Sie zwei Lerner für die Beschreibungen oder bitten Sie um freiwillige Meldungen. (Achten Sie darauf, daß das Bild nicht durchscheinend ist, falls Sie es nicht auf einen Karton geklebt haben.)

3. Lassen Sie die beiden Personen in Ruhe vereinbaren, wer eine realistische und wer eine imaginäre Beschreibung geben will. Die Vorbereitung dieser Beschreibungen kann gegebenenfalls auch als Hausaufgabe vorgesehen werden.

4. Die beiden Lerner tragen sodann ihre Beschreibungen vor und werden daraufhin von der Klasse interviewt.

Wenn jemand die richtige Beschreibung erkannt zu haben glaubt, muß er seine Annahme begründen. Antworten wie: *Mah..., non so perché...* sind nicht zulässig.

5. Zeigen Sie dann das Bild und sprechen Sie mit der Klasse darüber.

Wenn Interesse besteht, können Sie zwei andere Lerner auswählen (bzw. sich spontan melden lassen) und die Übung mit einem anderen Bild wiederholen.

NIVEAU:	✱✱
LERNZIELE:	beschreiben; Wortschatz: Geografie; Grammatik: Ortsangaben
MATERIAL:	Kopien der Insel auf Seite 68 (eine Kopie je Lerner), Farbstifte

UNTERRICHTSVERLAUF:

1. Stellen Sie den Wortschatz bereit, der für die Beschreibung einer Landkarte benötigt wird, und schreiben Sie die Wörter an die Tafel (*città, fiumi, montagne, laghi, strade, zone industriali, parchi naturali* etc.).

2. Bilden Sie Paare, und geben Sie jedem Paar eine Kopie mit den Umrissen der Insel. Die Partner verständigen sich darüber, wie sie die Insel gestalten wollen und benutzen dabei das unter Punkt 1 erarbeitete Vokabular. Motivieren Sie die Lerner, die Städte, die Flüsse, die Gebirge etc. zu benennen, möglichst viele Details anzugeben und festzulegen, ob es sich um einen ganzen Staat oder um ein kleines Eiland mitten im Ozean handelt. Gehen Sie umher, lassen Sie sich von den Paaren die Zeichnungen erläutern und helfen Sie, wenn es nötig ist.

3. Geben Sie nun jedem Paar eine neue leere Kopie und bitten Sie die Paare, sich jeweils einem anderen Paar gegenüber zu setzen.

Nun läßt sich jeweils ein Paar die Insel vom anderen Paar beschreiben und fertigt die Zeichnung nach den erhaltenen Angaben an. Die Beschreibungen sollen möglichst präzise sein und können beispielsweise so lauten:

C'è un fiume che va da A2 a D3 attraversando B2 e C3.

Oder es kann gesagt werden:

C'è una zona industriale a sud della capitale che si trova in mezzo a D2.

Erst wenn alle Informationen in die Zeichnung eingebracht worden sind, werden „Original" und „Kopie" verglichen und die Unterschiede kommentiert.

Dehnen Sie das Gespräch nicht zu lange aus: es könnte sich Langeweile einstellen. Schließen Sie die Übung mit einer Diskussion im Plenum ab.

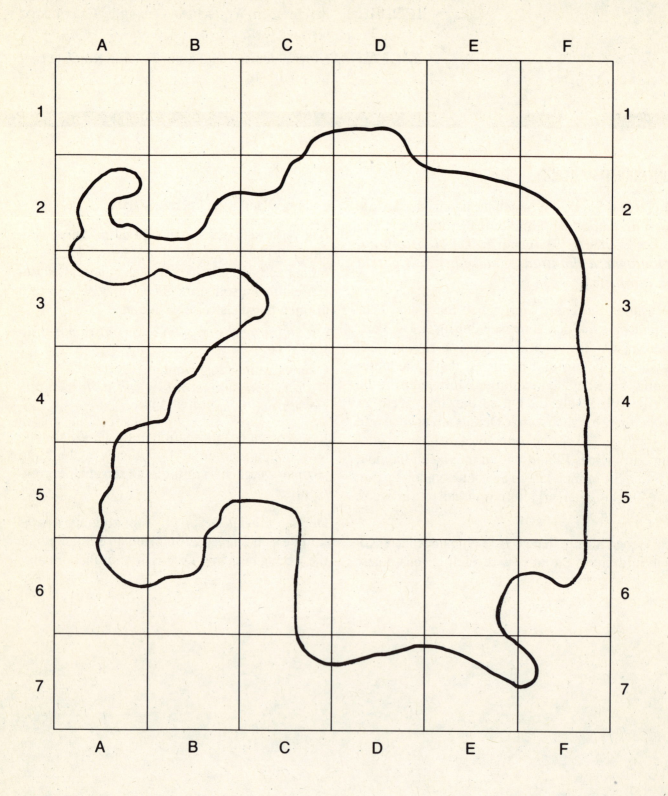

NIVEAU: ★★

LERNZIELE: Informationen erfragen, Anweisungen geben, Ortsangaben machen; Grammatik: Ortsadverbien und -präpositionen

MATERIAL: große Anzahl Abbildungen von Gegenständen; großer Unterrichtsraum, in dem sich die Lerner frei bewegen können

UNTERRICHTSVERLAUF:

1. Bilden Sie Zweiergruppen und geben Sie jedem Paar mehrere Abbildungen. Achten Sie darauf, daß die Lerner die italienischen Bezeichnungen für diese Gegenstände kennen.

2. Partner A versteckt – während Partner B die Augen schließt – die Bilder im Raum und notiert sich, wo er sie versteckt hat.

3. Dann kommen alle Lerner wieder an ihre Plätze zurück, und Sie erläutern nun den weiteren Verlauf der Übung: die Partner B suchen die Bilder, wobei sie jeweils von ihrem Partner A geführt werden. Dieser gibt Anweisungen, ohne jedoch das Versteck direkt zu nennen.
Wahrscheinlich empfiehlt es sich, den Ablauf an einem Beispiel deutlich zu machen. Ein Gespräch könnte etwa so verlaufen:
A: *La foto delle candele si trova dietro le tende.*
B: *Quelle in fondo a destra?*
A: *No, non a destra.*
B: *Allora dev'essere dietro le tende della finestra centrale.* (Geht hin und findet das Foto.)
   Eccola! – E poi? Qual è la prossima foto?
A: *Ora cerchiamo un pesciolino. Lo puoi trovare per terra.*
B: *Alla mia destra o alla mia sinistra?*
Etc.

4. Während die Lerner A Hinweise geben, begleiten sie ihre Partner, die die gefundenen Bilder einsammeln.

Es empfiehlt sich, ein Zeitlimit zu setzen: 5 Minuten sind meist ausreichend.

Sobald das Suchen beginnt, entsteht wahrscheinlich beachtliches Stimmengewirr und eine gewisse Unruhe. Das kann sehr förderlich sein, da die Lerner in dieser Situation ihre Hemmungen leichter abbauen können und andererseits dazu gezwungen werden, genau zuzuhören und sich deutlich auszudrücken.

Während dieser Übungsphase gehen Sie umher, greifen unterstützend ein und achten darauf, daß die Übung nicht außer Kontrolle gerät.

NIVEAU: ★★
LERNZIELE: Sätze bilden, Wortschatzarbeit
MATERIAL: Kärtchen entsprechend der Anzahl der Lerner

VORBEREITUNG:

Wählen Sie eine Reihe von Wörtern aus, die Sie mit Ihrer Klasse wiederholen möchten. Achten Sie bei der Auswahl darauf, daß die Lerner in der Lage sind, mit diesen Wörtern Sätze zu bilden. Schreiben Sie je eines dieser Wörter auf die Kärtchen.

UNTERRICHTSVERLAUF:

1. Verteilen Sie die Kärtchen. Vergewissern Sie sich, daß die Lerner ihr Wort auch verstanden haben, und fordern Sie sie dann auf, mit ihrem Wort einen Satz zu bilden.

2. Bitten Sie einen Lerner, sein Wort zu sagen. Die anderen sollen nun versuchen, dieses Wort mit dem ihren in einem Satz zu verbinden. Beispielsweise sagt A das Wort: *sera*. Auf dem Kärtchen von B steht: *spesso;* er/sie bildet den Satz: *Lavoro spesso di sera*. C hat hingegen das Wort: *sabato* und formuliert den Satz: *Che cosa fai sabato sera?*

3. Teilen Sie die Lerner in Dreier- oder Vierergruppen ein. Schlagen Sie jeder Gruppe vor, ihre Wörter in möglichst vielen Sätzen zu kombinieren. Dabei ist es zulässig, kleine Veränderungen an den Wörtern vorzunehmen. Beispielsweise können Singularformen in den Plural und Infinitive in die konjugierte Verbform verwandelt werden. Wenn eine Gruppe etwa die Wörter: *montagna, bello, fare* zu verwenden hat, können die Sätze beispielsweise folgendermaßen lauten:

Perché non facciamo una bella gita in montagna?
Se fa bel tempo domani, si va in montagna.
Ho fatto un bel viaggio e ho visto delle montagne impressionanti.

Je mehr Kombinationen die Lerner finden und je erfindungsreicher sie arbeiten, umso motivierender ist der Übungsablauf.

4. Die Lerner versammeln sich nun wieder im Plenum. Schlagen Sie den einzelnen Gruppen vor, jeweils einen Gruppensprecher zu wählen, der die besten Sätze der Gruppe vorliest.

Anschließend regen Sie an, gemeinsam eine Geschichte zu schreiben, in der alle Wörter vorkommen. Diskutieren Sie ausführlich mit den Lernern, welche Art von Geschichte entstehen soll.

Wenn das Grundkonzept feststeht, lassen Sie die Lerner die Endfassung erstellen. Schreiben Sie Satz für Satz an die Tafel und geben Sie den Lernern Zeit mitzuschreiben, wenn sie es möchten.

NIVEAU: ★★
LERNZIELE: selektives Hören, Notizen machen
MATERIAL: Lesetext (1-2 Seiten)

VORBEREITUNG:

Wählen Sie einen geeigneten Lesetext (evtl. Lehrbuchtext) und entnehmen Sie diesem einen langen Satz, der von zentraler Bedeutung ist. (Der gewählte Satz soll nicht am Anfang des Textes stehen).

UNTERRICHTSVERLAUF:

1. Teilen Sie den Lernern mit, daß Sie nun einen Satz vorlesen werden, ohne zu sagen, wo er steht, und daß Sie ihn nur einmal vorlesen werden. Es wird dann Aufgabe der Lerner sein, so viele Wörter und Satzfetzen aufzuschreiben, wie sie erinnern können.

2. Lesen Sie nun den Satz vor und fordern Sie die Lerner auf, diesen Satz – in Einzelarbeit – zu rekonstruieren. Wenn die Lerner die Aufgabe zu schwer finden, lesen Sie den Satz ein zweites Mal vor.

Sobald der Prozeß ins Stocken gerät, lassen Sie die Arbeit in Paaren fortsetzen.

3. Nach einigen Minuten bitten Sie die Lerner, umherzugehen und einen anderen Partner aufzusuchen und zu befragen. Wenn der richtige Wortlaut beinahe gefunden ist und bevor die Lerner sich zu langweilen beginnen, fordern Sie sie auf, sich zu setzen und ihre Schreibmaterialien beiseite zu legen.

4. Lesen Sie den Text vor (oder spielen Sie ihn von der Cassette), so als ob es sich um eine vollkommen neue Übung handeln würde. Plötzlich werden die Lerner merken, daß der Satz, mit dem sie sich beschäftigt haben, aus dieser Geschichte stammt. Wenn der Text zu Ende ist, lassen Sie die Lerner nochmals gemeinsam (bei großen Klassen in zwei Gruppen) den Satz zusammenfügen.

5. Diskutieren Sie abschließend mit den Lernern über die Geschichte und darüber, wie sie diese Übung empfunden haben. Was war für sie am spannendsten? Waren sie beim Aufzeichnen von Notizen versucht, alles Wort für Wort aufzuschreiben? Oder konzentrierten sie sich gleich auf das Wesentliche? Was waren die wichtigsten Punkte?

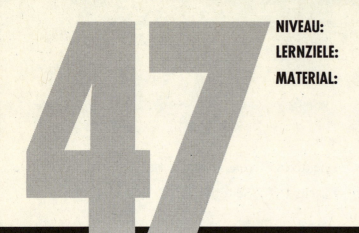

NIVEAU: ✶✶

LERNZIELE: Fragen zu einem Text stellen und beantworten

MATERIAL: 2 Cassettenaufnahmen einer Nachrichtensendung, 2 Cassettenrecorder, 2 Unterrichtsräume, wenn möglich;
(Variante: 1 Cassettenaufnahme einer Nachrichtensendung, 1 Cassettenrecorder, 1 Textvorlage der Nachrichtensendung, 2 Unterrichtsräume, wenn möglich)

VORBEREITUNG:

Überspielen Sie eine interessante, nicht allzu lange Nachrichtensendung auf Cassette. Fertigen Sie davon eine Kopie an, so daß Sie über zwei Cassetten verfügen,

oder (für Variante)

überspielen Sie eine Nachrichtensendung auf Cassette und transkribieren Sie den Text.

UNTERRICHTSVERLAUF:

1. Teilen Sie die Klasse in zwei Gruppen. Wenn möglich, arbeiten die Gruppen in getrennten Räumen. Geben Sie jeder Gruppe einen Cassettenrecorder und eine Cassette und fordern Sie sie auf, die Sendung anzuhören und für die andere Gruppe Fragen zum Inhalt des Gehörten zu formulieren. Setzen Sie ein Zeitlimit. Helfen Sie den Gruppen, wenn es nötig ist, aber greifen Sie möglichst wenig ein.

2. Die beiden Gruppen kommen wieder zusammen und stellen sich gegenseitig ihre Fragen. In jeder Gruppe wird ein/e „Sekretär/in" bestimmt, der/die die gemeinsam gefundenen Antworten notiert. Es empfiehlt sich, daß die Gruppen die Fragen und Antworten im Wechsel vornehmen, da auf diese Weise die Antworten gleichzeitig in beiden Gruppen besprochen werden können. Diese simultane Arbeitsweise ist sehr effizient und leicht durchzuführen. Achten Sie jedoch darauf, daß sich die Lerner beim Stellen der Fragen abwechseln, und lassen Sie es nicht zu, daß ein oder zwei Teilnehmer die anderen nicht zu Wort kommen lassen.

3. Spielen Sie schließlich den Text noch einmal im Plenum vor, damit alle prüfen können, ob sämtliche Antworten richtig sind. Achten Sie dabei sehr genau darauf, ob nicht die eine oder andere Ungenauigkeit übersehen worden ist.

VARIANTE zu Punkt 1 und 2:

1. Die Klasse arbeitet in zwei Gruppen und, nach Möglichkeit, in getrennten Räumen.

Gruppe A erhält den Nachrichtentext in schriftlicher Form und hat die Aufgabe, Fragen zum Inhalt zu formulieren. Dafür wird ein Zeitlimit gesetzt.

Gruppe B erhält Cassette und Cassettenrecorder und hört während dieser Zeit den Text gegebenenfalls mehrmals.

2. Die beiden Gruppen kommen wieder zusammen. Gruppe B beantwortet die von Gruppe A gestellten Fragen.

Anmerkung:
Anstelle von Nachrichtensendungen können auch Lehrbuchtexte verwendet werden, von denen eine Cassettenversion vorliegt. In diesem Fall kann die Übung eventuell bereits im Anfängerunterricht eingesetzt werden.

48

NIVEAU: ★★

LERNZIELE: Notizen machen, Text zusammenfassen

MATERIAL: kurzer Dialog auf Cassette (z.B. Lehrbuchdialog), Cassettenrecorder

UNTERRICHTSVERLAUF:

1. Erläutern Sie den Inhalt des Cassettentextes in ein bis zwei Sätzen und spielen Sie ihn dann einmal vor. Vermeiden Sie es, irgendwelche Details zu erzählen.

2. Sagen Sie den Lernern, daß Sie den Text nochmals vorspielen werden und daß es nun darum geht, während des Anhörens Notizen zu machen. Geben Sie den Lernern Zeit, ihr Schreibmaterial zur Hand zu nehmen, und spielen Sie dann den Text ohne Unterbrechung vor und ohne Fragen zuzulassen.

3. In Dreier- oder Vierergruppen vergleichen die Lerner anschließend ihre Notizen und einigen sich über die wichtigsten Punkte des Textes. Nun wählt jede Kleingruppe eine/n „Sekretär/in", der/die eine gemeinsam erarbeitete Zusammenfassung des Textes schriftlich festhält.

Geben Sie Hilfestellung, wenn nötig, und achten Sie darauf, daß die Interaktion auf italienisch erfolgt.

4. Jede Gruppe liest dann ihren Text vor. Die anderen hören aufmerksam zu und rufen STOP, wenn sie einen inhaltlichen oder sprachlichen Fehler bemerken, der dann auch gleich korrigiert wird.

In der Zwischenzeit schreiben Sie (möglichst unauffällig) grammatikalisch oder inhaltlich fehlerhafte Sätze an die Tafel, die den Lernern entgangen sind.

Wenn alle Zusammenfassungen vorgele-sen sind, lenken Sie die Aufmerksamkeit der Ler-ner auf die Tafel und lassen die Fehler – möglichst ohne Ihre Hilfe – korrigieren. Abschließend spielen Sie den Text noch einmal vor.

NIVEAU: ★★
LERNZIELE: Ratschläge erteilen; Wortschatz: Gesundheit
MATERIAL: kleine Kärtchen (möglichst zweifarbig) oder Kopie von Seite 75 (möglichst auf Karton aufgeklebt)

VORBEREITUNG:

Schreiben Sie die „Beschwerden" und die „Ratschläge" von Seite 75 einzeln auf die Kärtchen, wobei es sich empfiehlt, für die „Beschwerden" eine Farbe und für die „Ratschläge" eine andere zu benutzen.

Alternative:
Kopieren Sie Seite 75, kleben Sie die Kopie auf einen leichten Karton und schneiden Sie die einzelnen Elemente aus.

UNTERRICHTSVERLAUF:

1. Schreiben Sie ein Beispiel an die Tafel und geben Sie die wichtigsten Redemittel an, mit denen Ratschläge erteilt werden können, z.B.:
Secondo me Lei dovrebbe...
Le consiglio di...
Ma perché non...?
Se fossi in te...
Al tuo posto...
A mio parere dovresti...

Wenn beispielsweise die Beschwerde lautet: *Ho mal di denti*, können folgende Ratschläge gegeben werden:
Dovresti andare dal dentista.
Ma perché non prendi un'aspirina?
Al tuo posto mangerei un po' meno dolci.

Bitten Sie 5 Lerner, an die Tafel zu kommen, und geben Sie ihnen je eine Beschwerden-Karte. Verteilen Sie die verbleibenden Karten unter den anderen Teilnehmern.

3. Fragen Sie die Lerner an der Tafel, einen nach dem andern: *Cosa c'è che non va?* oder *Che cosa Le fa male?* Eine/r wird sagen: *Ho mal di testa.* Nun benutzt die Klasse ihre Kärtchen, um Ratschläge zu erteilen wie z.B.: *Va a fare una passeggiata! Dovresti mangiare qualcosa. Ma perché non ti riposi?*

Die Lerner an der Tafel können entscheiden, ob sie den Rat annehmen oder zurückweisen: *Questa è un'ottima idea! Il tuo consiglio non mi convince molto...*

4. Wenn sich die Klasse gut kennt und entsprechendes Vertrauen unter den Teilnehmern herrscht, können persönliche Probleme aufgeworfen werden. Dabei geht es darum, das Problem einfühlsam zu behandeln, einige Lösungsvorschläge zu machen und sie sprachlich adäquat zu formulieren. Um diese Phase in Gang zu setzen, beginnen Sie am besten, indem Sie selbst ein Problem in die Diskussion werfen.

Wie immer die Gespräche laufen, zwingen Sie die Lerner nicht, persönliche Dinge zu erörtern, wenn nicht absolute Bereitschaft dazu besteht.

Cosa c'è che non va?

Mal di testa
prendere un'aspirina
andare dal medico
andare a letto
fare una passeggiata
bere meno alcool
riposarsi
mangiare qualcosa

Raffreddore
andare a prendere qualcosa in farmacia
smettere di fumare
prendere un'aspirina
bere del latte caldo
prendere una tazza di tè
andare a letto presto
prendere un bagno caldo

Mal di schiena
sdraiarsi
andare da uno specialista
farsi fare dei massaggi
fare un po' di ginnastica
fare della fisioterapia
evitare di sollevare pesi
andare in piscina

Sovrappeso
mangiare meno
seguire una dieta
muoversi di più
fare dello sport
rinunciare al pane bianco

Esaurimento nervoso
prendersi una vacanza
fare una cura
fare della psicoterapia
divertirsi di più
lavorare meno
cambiare stile di vita
fare una settimana di digiuno

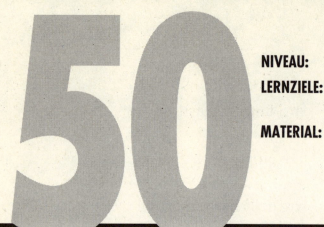

NIVEAU: ★★

LERNZIELE: Informationen erfragen und erteilen; Grammatik: Verwandtschaftsnamen, Possessivum

MATERIAL: Kopie von S. 77 (je ein Kärtchen pro Teilnehmer). Der Unterrichtsraum soll so groß sein, daß sich die Lerner frei bewegen können. (Eventuell: Fotoapparat)

VORBEREITUNG:

Kopieren Sie die Informationen über die Familie Testa (S. 77), schneiden Sie die einzelnen „Identitätskarten" aus und kleben Sie sie auf Kärtchen. Die Übung ist in dieser Form für 12 Lerner angelegt, Sie können aber die Anzahl der Kärtchen verringern oder erhöhen, wenn Sie die Zusammensetzung der Familie verändern. Achten Sie jedoch darauf, daß die Angaben auf den Kärtchen entsprechend angepaßt werden.

UNTERRICHTSVERLAUF:

1. Laden Sie die Lerner dazu ein, sich vorzustellen, daß sie zur Familie Testa gehören. Die einzelnen Familienmitglieder haben sich so lange nicht mehr gesehen, daß sie sich auf den ersten Blick nicht einmal erkennen können. Heute gibt es aber einen besonderen Anlaß, zu dem sich alle eingefunden haben.

2. Schmücken Sie das Szenario weiter aus und sagen Sie, daß ein Familienfoto gemacht werden soll, vorher aber festgestellt werden muß, wer wer ist.

3. Geben Sie nun jedem Lerner eine „Identitätskarte" und betonen Sie, daß diese den anderen nicht gezeigt werden darf. Erläutern Sie, daß die einzelnen Familienmitglieder sich dadurch gegenseitig erkennen, daß sie Informationen austauschen. Beispielsweise kann sich Franco an einen anderen Lerner richten und das Gespräch so beginnen:

Ciao. Sono Franco. Sono giocatore di calcio. E tu, non ti occupi per caso di farfalle? Sai, sto cercando mio fratello e lui ne fa collezione.

4. Fordern Sie die Lerner auf, aufzustehen und umherzugehen. Sie sollen sich – wie auf einer Cocktailparty – zu zweit oder zu dritt unterhalten. Sie als Lehrer wenden sich den einzelnen Gruppen zu, geben Hilfestellung, greifen korrigierend ein und machen sich eventuell Notizen über sprachliche Probleme, die Sie vielleicht nachher behandeln möchten.

5. Wenn das Beziehungsnetz der Familie geklärt ist, fordern Sie die Lerner auf, sich für das Familienfoto aufzustellen. Dabei soll sich jeder und jede kurz vorstellen. Wenn Sie einen Fotoapparat zur Verfügung haben, können Sie tatsächlich ein Foto der Gruppe machen.

6. Als zusätzliche Aufgabe könnten die Lerner aufgefordert werden, ihre Lebensgeschichte als jeweiliges Mitglied der Familie Testa schriftlich (1 Seite) darzulegen. Diese Arbeit kann sowohl in der Klasse als auch als Hausaufgabe gemacht werden.

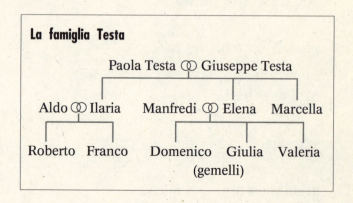

CARTE D'IDENTITÀ

Marcella
1. Lavori in un antiquariato
2. Sei divorziata
3. Una delle tue nipoti studia all'Accademia di Belle Arti

Franco
1. Tuo fratello ha una collezione di farfalle
2. Fai il calciatore
3. Tuo padre è giocatore di golf

Valeria
1. Tuo padre è marinaio
2. Tua zia ha una bella collezione di oggetti d'arte
3. Tuo fratello e tua sorella sono gemelli

Elena
1. Sei sposata con un marinaio
2. Tuo padre è negli affari
3. Hai tre figli

Roberto
1. Suoni la tromba
2. Tua cugina è infermiera
3. Fai collezione di farfalle

Domenico
1. Lavori in banca
2. Tua sorella è infermiera
3. Tuo nonno è negli affari

Aldo
1. Sei negli affari
2. Sei giocatore di golf
3. Hai due figli

Manfredi
1. Tua suocera fa l'insegnante
2. Tuo figlio lavora in banca
3. Uno dei tuoi nipoti è molto bravo nello sport

Giulia
1. Tua sorella studia arte
2. Tua nonna è insegnante
3. Sei infermiera

Paola Testa
1. Fai l'insegnante
2. Tua nipote vive a Parigi
3. La tua figlia minore è divorziata e non ha figli

Giuseppe Testa
1. Hai tre figlie
2. La tua figlia maggiore ha due figli
3. Suo marito è negli affari come te

Ilaria
1. Hai due sorelle più piccole
2. Hai tre nipoti (due femmine e un maschio)
3. Tuo padre è negli affari

NIVEAU: ★★
LERNZIELE: Scherzfragen und Antworten kombinieren
MATERIAL: kleine Kärtchen

VORBEREITUNG:

1. Wählen Sie einige Scherzfragen (je 1 pro Lerner) aus, die dem Lernniveau der Klasse entsprechen. (Vgl. S. 79)

2. Fertigen Sie Kärtchen nach den angegebenen Modellen an. Wie die Beispiele zeigen, befindet sich die Antwort auf die Frage von Kärtchen A auf Kärtchen B, während sich die Antwort von Kärtchen A auf die Frage von Kärtchen C bezieht. Auf diese Weise muß jeder Lerner zur Komplettierung seines Kärtchens zwei andere Lerner konsultieren.

UNTERRICHTSVERLAUF:

1. Erklären Sie den Lernern, daß sie die fehlenden Fragen und Antworten finden sollen. (Es ist nicht nötig zu sagen, daß es sich um Rätsel handelt. Lassen Sie es einfach zum Aha-Effekt kommen!) Vergewissern Sie sich, daß deutlich geworden ist, daß es sich pro Kärtchen um *zwei verschiedene* Fragen und Antworten handelt.

2. Verteilen Sie die Kärtchen und fordern Sie die Lerner auf umherzugehen, ihre Fragen und Antworten laut vor sich herzusagen und die Entsprechungen zu finden. Wenn sie sie gefunden haben, tragen sie die richtige Antwort zu ihrer Frage und die richtige Frage zu ihrer Antwort auf dem Kärtchen ein.
Halten Sie sich im Hintergrund, seien Sie aber bereit, bei Verständnisschwierigkeiten zu helfen.

3. Wenn alle ihre Kärtchen vervollständigt haben, werden diese beiseite gelegt und die Rätsel noch einmal frei vorgetragen. Wer sie noch nicht kennt, darf raten!

Hier eine Liste von Scherzfragen:

Che cosa va da Amsterdam a Messina senza muoversi? L'autostrada.
Dov'è che il lunedì viene dopo il giovedì? Nel dizionario.
Che cosa diventa sempre più grande quanto più si toglie? Il buco.
Ha denti, ma non può mordere. Il pettine.
Ad ognuno mostra un altro viso, ma lui non ne ha nessuno. Lo specchio.
Non sta mai fermo nel suo letto. Il fiume.
Se lo si lancia in aria è bianco, se cade per terra è giallo. L'uovo.
Perché i cani ce l'hanno con i postini? Perché non ricevono mai posta.
Sente, ma non ha orecchie, parla, ma non ha bocca e risponde in tutte le lingue. L'eco.
La si può perdere facilmente, pur avendola sempre con sé. La testa.

A

D: Che cosa va da Amsterdam a Messina senza muoversi?

R:

D:

R: Il buco.

B

D: Dov'è che il lunedì viene dopo il giovedì?

R:

D:

R: L'autostrada.

C

D: Che cosa diventa sempre più grande quanto più si toglie?

R:

D:

R: Nel dizionario.

D:

R:

D:

R:

NIVEAU:	★★ bis ★★★
LERNZIELE:	Personen beschreiben und identifizieren
MATERIAL:	Portraits aus Zeitschriften; Zeichenpapier

VORBEREITUNG:

Interessante Portraits aus Zeitschriften ausschneiden (Teilnehmerzahl + 7). Einige davon sollten einander sehr ähnlich sein und sich nur in Details unterscheiden.

Kleben Sie zwei ganzseitige Portraits auf je ein großes Blatt Zeichenpapier, so daß Vokabular rund um die Bilder herum geschrieben werden kann. Heften Sie eines der aufgeklebten Bilder gut sichtbar an die Wand.

UNTERRICHTSVERLAUF:

VARIANTE 1 (mit schriftlichen Antworten):

1. Lenken Sie die Aufmerksamkeit auf das Bild an der Wand, so daß eine Diskussion darüber entsteht. Lassen Sie vorerst die Lerner den ihnen bekannten Wortschatz verwenden, und schreiben Sie das eingebrachte Beschreibungsvokabular rund um das Bild. Erst wenn die sprachlichen Möglichkeiten der Lerner erschöpft sind, helfen Sie mit zusätzlichen Wörtern aus.

Gegebenenfalls können Sie entsprechenden Themenwortschatz (Alter, Aussehen, Haarfarbe, Teile des Gesichtes etc.) einführen. Schreiben Sie auch diese neuen Wörter auf, vermeiden Sie es aber, die Übung zu einer Vokabelsammlung entarten zu lassen. Führen Sie nur Wörter ein, von denen Sie glauben, daß sie tatsächlich wiederverwendet werden.

2. Heften Sie nun das zweite Portrait an die Wand und gehen Sie analog vor.

3. Erklären Sie dann den Lernern, daß sie nun das Portrait einer Person erhalten, die unter dem Verdacht steht, eine kleine Straftat wie Ladendiebstahl begangen zu haben. Die Lerner waren nämlich Zeugen des Vorfalls und sollen nun eine genaue Beschreibung der Person geben, die sie bei der Tat beobachtet haben.

Nun verteilen Sie die Bilder mit dem Hinweis, sie den anderen nicht zu zeigen. Daraufhin nimmt jeder Lerner ein Extrablatt und beschreibt sein Bild.

4. Wenn alle Teilnehmer ihre Beschreibung abgeschlossen haben, sammeln Sie die Bilder und die Blätter ein. Mischen Sie nun die beschriebenen Blätter und verteilen Sie sie erneut. So erhält jeder Teilnehmer den Text eines anderen und liest diesen vor. Dabei stellt er/sie sich vor, wie die beschriebene Person wohl aussehen mag.

5. Während die Lerner ihre Beschreibungen vorlesen, mischen Sie die 5 zusätzlichen Portraits unter die Bilder. Breiten Sie nun alle auf dem Tisch aus oder heften Sie sie an die Wand oder an die Tafel.

Nun versuchen die Lerner herauszufinden, welches Bild der von ihnen vorgelesenen Beschreibung entspricht. Wenn sie glauben, die richtige Lösung gefunden zu haben, können sie sich das vom Verfasser des Textes bestätigen lassen.

6. Wenn Sie noch einen Schritt weiter gehen wollen, können Sie die Lerner fragen, aufgrund welcher Details sie das Bild erkannt haben.

VARIANTE 2 (ohne schriftliche Antworten):

1. und 2. wie *Variante 1*

3. Verteilen Sie an die Hälfte der Klasse – die Zeugen der Straftat – je ein Bild. Die anderen sind die Detektive. Jeder Zeuge arbeitet mit einem Detektiv zusammen, dem er/sie eine mündliche Beschreibung des Täters liefert. (Natürlich darf das Bild dem Detektiv nicht gezeigt werden.) Die Detektive können sich Notizen machen.

Nun werden die Bilder eingesammelt, gemischt und ausgelegt oder angeheftet (vgl. Punkt 5 von *Variante 1*), und die Detektive müssen die Verdächtigen aufgrund der erhaltenen Beschreibungen identifizieren.

VARIANTE 3 (nur 2 Portraits nötig):

1. und 2. wie *Variante 1*

3. Jeder Teilnehmer fertigt eine Beschreibung eines anderen Teilnehmers an. Die Blätter werden (ohne Namen) an die verschiedenen freien Wände der Klasse geheftet.

4. Die Lerner gehen umher, lesen die Texte und schreiben den Namen der Person darunter, von der sie glauben, daß sie mit dieser Beschreibung gemeint ist.

5. Wenn alle ihre Vermutungen angestellt haben, teilen die Verfasser der Texte mit, wer die beschriebenen Personen tatsächlich sind.

Anmerkung zu *Variante 3:*
Es empfiehlt sich, die Beschreibung auf äußere Merkmale zu beschränken, die Übung mit Behutsamkeit zu steuern und nur in Gruppen einzusetzen, in denen ein gewisses gegenseitiges Vertrauen vorhanden ist.

NIVEAU: ✶✶ bis ✶✶✶✶

LERNZIELE: freies Sprechen und Schreiben; Erfahrungsaustausch zum Thema „Telefonieren"

VORBEREITUNG:

Kopieren Sie die Liste der Fragen auf Seite 83.

UNTERRICHTSVERLAUF:

1. Zeichnen Sie ein großes Telefon an die Tafel. Fragen Sie die Lerner, welche Erfahrungen sie mit dem Telefon haben, und versuchen Sie herauszufinden, ob sich mehrheitlich positive, negative oder gemischte Gefühle bei diesem Thema einstellen.

2. Teilen Sie die Klasse in Zweiergruppen. Verteilen Sie die Kopien mit den Fragen. Geben Sie den Lernern etwa 20 Minuten Zeit, um diese Fragen mit dem Partner zu besprechen. Machen Sie deutlich, daß die Übung Anlaß zum freien Sprechen bieten soll und daß es daher darum geht, möglichst viel zu diesem Thema zu sagen und zu hinterfragen. Gehen Sie umher und helfen Sie nur, wenn Ihre Hilfe angefordert wird.

3. Schließlich schlagen Sie vor, einen kleinen Text zu einem der folgenden Themen zu schreiben:

Una telefonata indimenticabile
Il telefono – un male indispensabile?
Un vecchio telefono racconta...

Die Länge des Textes und die Frage, ob er in der Unterrichtsstunde oder zu Hause geschrieben werden soll, hängt von der verfügbaren Zeit sowie vom Lernniveau der Klasse ab.

Discutete le seguenti domande

- Quando squilla il telefono, che sentimenti prova?
- Chi sono le persone alle quali telefona regolarmente?
- Con chi Le fa piacere parlare al telefono?
- Con chi parla malvolentieri?
- Quali numeri di telefono sa a memoria?
- Si ricorda di aver consultato recentemente l'elenco telefonico? In quale occasione?
- Le capita di mettere un cuscino sul telefono per non sentirlo squillare? Come si sente se lo fa?
- Che effetto fa su di Lei il fatto di sentire la segreteria telefonica?
- Ricorda una conversazione telefonica (privata o professionale) che ha avuto una certa importanza per Lei?
- Come si prepara ad una telefonata importante?
- Come si sente se deve parlare italiano al telefono? Quali problemi ha normalmente?
- Ha il telefono a casa Sua? Quanti apparecchi ha? Dove sono?
- Chi risponde normalmente al telefono a casa Sua?
- A quale ora del giorno (o della notte) conviene telefonarLe?
- A che ora bisogna assolutamente evitare di disturbarLa per telefono?
- Ricorda di aver avuto mai una telefonata strana, angosciante o divertente?

54

NIVEAU: ✶✶ bis ✶✶✶✶

LERNZIELE: Grammatikarbeit (nach Wahl der Lerner) und situationsgerechtes Sprechen

UNTERRICHTSVERLAUF:

1. Bitten Sie die Lerner, je ein Grammatikproblem, das ihnen Schwierigkeiten bereitet, auf einen Zettel zu schreiben. Sammeln Sie dann die Zettel ein und wählen Sie eines der Phänomene aus, das Sie – gegebenenfalls in der nächsten Stunde – auf folgende Weise bearbeiten möchten:

2. Bitten Sie einen Teilnehmer, den Raum zu verlassen und möglichst viele beliebige Fragen beliebigen Inhalts vorzubereiten.

Inzwischen besprechen Sie das Grammatikphänomen mit der Klasse. Fördern Sie dabei vor allem den Informationsaustauch unter den Lernern, und bringen Sie sich nur dann aktiv ein, wenn es nötig erscheint.

3. Bitten Sie den abwesenden Teilnehmer zurückzukommen, und fordern Sie ihn auf, seine Fragen zu stellen. Die anderen antworten, indem sie die behandelte Grammatikstruktur verwenden.

Beispielsweise könnte eine Frage lauten: *Che cosa fai domani?* und die Antwort: *Non lo so ancora.*

Die nächste Frage könnte sein: *Com'è questa lezione?* und die Antwort: *La trovo molto interessante.*

Oder es könnte gefragt werden: *Hai telefonato a tua madre?* und die Antwort könnte lauten: *No, ma le telefono stasera.*

Offensichtlich geht es hier um die Verwendung des direkten und indirekten Pronomens.

Die Antworten können echt oder fiktiv sein. Der Teilnehmer, der die Fragen stellt, muß erraten, um welches Grammatikproblem es sich handelt.

Ziel der Übung ist es, eine Reihe von Kontexten zu finden, in denen die betreffende Struktur eine angemessene Verwendung findet.

55

NIVEAU: ★★ bis ★★★★
LERNZIELE: Satzbau

UNTERRICHTSVERLAUF:

1. Erklären Sie den Lernern, daß sie „Bäume" kreieren werden, die aus Sätzen gebildet sind. Und da es leichter ist, von oben nach unten zu lesen als umgekehrt, werden diese Bäume auf dem Kopf stehen! Zeichnen Sie folgende Grafik an die Tafel:

Erläutern Sie nun, daß an jeder Verzweigung ein Wort stehen wird, so daß bei 8 Verzweigungen letztlich 8 Sätze entstehen, die alle mit demselben Wort beginnen; je 4 Sätze werden auch das zweite Wort gemeinsam haben und je 2 Sätze das dritte. Die Länge der Sätze kann und soll unterschiedlich sein.

2. Teilen Sie die Klasse in zwei Gruppen (A und B). Die Gruppen arbeiten abwechselnd an der Tafel und entsenden jeweils einen Vertreter.

3. Ein Mitglied der Gruppe A schreibt an den oberen Rand der Tafel (in die Mitte zwischen dem linken und rechten Rand) ein Wort und setzt zwei „Zweige" darunter.

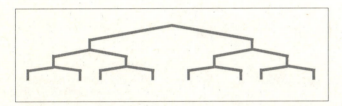

Dabei soll er/sie mindestens zwei Sätze im Sinn haben, die mit diesem Wort beginnen könnten.

4. Nun geht ein Mitglied der Gruppe B an die Tafel, fügt zwei Wörter hinzu, zeichnet vier neue „Zweige" daran und liest die beiden Satzanfänge vor, die er/sie gebildet hat.

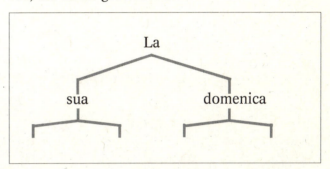

5. Nun ist wieder Gruppe A an der Reihe. Sobald acht „Zweige" erreicht sind, wächst der Baum nur mehr gerade nach unten, d.h. es wird jeweils ein neues Wort an die bestehenden Zweige angehängt. Das Gruppenmitglied, das die neuen Wörter anfügt, muß jeweils die entstandenen Satzanfänge laut vorlesen.

6. Jede Gruppe überwacht die Arbeit der anderen. Wenn der Verdacht aufkommt, daß fehlerhafte oder sinnwidrige Sätze entstehen, muß die verantwortliche Gruppe Rechenschaft ablegen und sagen, welchen Satz sie im Sinn hatte, als sie das neue Wort anfügte.

7. Wenn das Spiel Wettbewerbscharakter bekommen soll, können Strafpunkte für fehlerhafte Sätze und Pluspunkte für die richtige Verwendung bestimmter Wörter oder Strukturen vergeben werden.

Ein fertiger „Baum" mit 8 „Zweigen" könnte beispielsweise so aussehen:

85

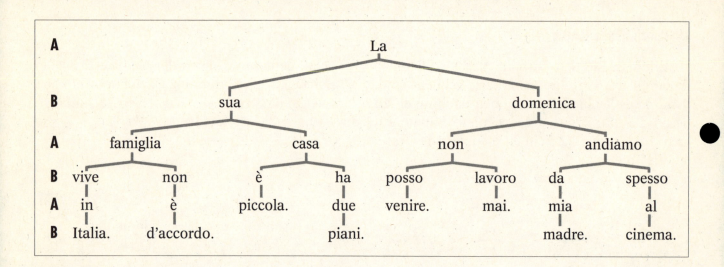

VARIANTEN:

1. Die Anzahl der Zweige sollte bei niedrigerem Lernniveau auf 4 beschränkt werden. Andererseits sollte selbst bei sehr fortgeschrittenen Gruppen, die in der Lage sind, syntaktisch anspruchsvollere Sätze zu bilden, über 8 Zweige nicht hinausgegangen werden, da der Prozeß sonst leicht außer Kontrolle gerät.

2. Gegebenenfalls können für die ersten Wörter bestimmte Vorgaben gemacht werden. Beispielsweise muß mit einem Fragewort, einem direkten oder indirekten Pronomen, einem Modalverb etc. begonnen werden.

Auch kann die Verwendung eines bestimmten Wortes oder einer bestimmten Struktur innerhalb des Satzes verlangt werden.

3. Bei kleineren Gruppen ist die Bildung von zwei Teams nicht sinnvoll. Es empfiehlt sich vielmehr, eine/n „Sekretär/in" zu bestellen, der/die die Wörter auf Zuruf aus der Klasse an die Tafel schreibt.

4. Sobald die Regeln dieses Spiels bekannt sind, kann die Übung auch paarweise gemacht werden. Dabei werden Pluspunkte an das Paar vergeben, das die kürzesten, die längsten oder die komplexesten Sätze gebildet hat.

Das Arbeiten zu zweit erlaubt es außerdem, ein gezieltes Üben bestimmter Strukturen nach individuellen Bedürfnissen auszurichten: Das eine Paar mag sich beispielsweise mit dem Imperativ beschäftigen, das andere vielleicht eher mit dem Possessivpronomen.

NIVEAU: ★★ bis ★★★★
LERNZIELE: Hörverstehen und Nacherzählen
MATERIAL: möglichst Cassettenrecorder und eine leere Cassette (vgl. auch Variante);
eine Geschichte (z.B. Lehrbuchtext) in Kopien

VORBEREITUNG:

1. Wählen Sie eine Geschichte aus, die kein unbekanntes Vokabular enthält. Besonders geeignet sind Texte mit spannender Handlung, aber auch Kochrezepte, Briefe, Auszüge aus Rundfunknachrichten etc.

2. Zeigen Sie einem Lerner, wie man den Cassettenrecorder bedient und bestellen Sie ihn/sie zum „Medieningenieur".

3. Stellen Sie den Recorder auf „Aufnahme" und „Pause" ein.

UNTERRICHTSVERLAUF:

1. Erläutern Sie die Übung: Alle – außer Lerner A und dem Medieningenieur – verlassen den Raum. (Sie werden später einzeln wieder hereingerufen, um eine Geschichte zu hören, die sie nacherzählen werden.)

2. Sobald nur noch Lerner A und der Medieningenieur im Raum sind, lesen Sie die Geschichte zweimal vor. Eine der beiden Versionen wird auf Cassette aufgenommen.

3. Nun kommt Lerner B herein und läßt sich von Lerner A die Geschichte (einmal) erzählen. Der Medieningenieur nimmt diese Erzählung auf Cassette auf.

4. Nun verläßt A den Raum und C kommt herein, um sich von B seine Version der Geschichte erzählen zu lassen. Die Übung wird fortgesetzt, bis der letzte Lerner an der Reihe war.

5. Anschließend versammelt sich die Klasse im Plenum und hört sich alle Versionen der Geschichte an. Dabei soll insbesondere auf Auslassungen und Abweichungen geachtet werden, die jeder Lerner für sich notiert. Daraufhin werden diese in Zweiergruppen, in Kleingruppen oder im Plenum besprochen. Nach einigen Minuten verteilen Sie die Kopien des Originaltextes.

6. Zum Abschluß bietet sich eine Diskussion darüber an, warum einige Details ausgelassen und andere hinzugefügt wurden.

VARIANTE:

Wenn die Klasse mehr als 12 Teilnehmer hat, wählen Sie etwa 6 als „Akteure" aus. Die anderen nehmen als „Beobachter" teil.

Wenn Sie keinen Cassettenrecorder zur Verfügung haben, bietet sich ebenfalls diese Variante an: die Abweichungen werden von den „Beobachtern" notiert und anschließend (vgl. Punkt 5) besprochen.

NIVEAU:	★★ bis ★★★★
LERNZIELE:	kursorisches Lesen, Hörverstehen, Gehörtes identifizieren
MATERIAL:	Cassettenaufnahme eines Lesetextes, Kopien des Textes, Cassettenrecorder mit Zählwerk

VORBEREITUNG:

Wählen Sie einen interessanten Lesetext (evtl. aus dem Lehrbuch) von maximal 25 Zeilen aus, numerieren Sie die Zeilen (1,5,10, etc.) und fertigen Sie Kopien an.

UNTERRICHTSVERLAUF:

1. Verteilen Sie die Kopien an die Lerner und geben Sie ihnen etwa zwei Minuten Zeit, um den Text zu überfliegen. Vermeiden Sie es, den Text gründlich durchzuarbeiten, denn in dieser Übungsphase geht es um kursorisches Lesen.

2. Legen Sie die Cassette ein, spulen Sie sie bis zu einem beliebigen Punkt vor (Zählwerk beachten!) und spielen Sie dann eine Passage von etwa 2 Zeilen Länge vor.

Fragen Sie nun die Lerner, welche Zeilen sie gehört haben. Dabei können die Lerner entweder den Textteil vorlesen oder aber nur die Zeilen angeben, auf die sich das Gehörte bezieht. Wenn nötig, spielen Sie die Passage ein zweites Mal vor.

3. Wiederholen Sie nun den in Punkt 2 beschriebenen Vorgang durch Vor- und Zurückspulen der Cassette. Vergessen Sie dabei nicht, das Zählwerk immer im Auge zu behalten.

Nach und nach können Sie die Textpassagen verkürzen und schließlich jeweils nur noch wenige Wörter vorspielen. Beenden Sie die Übung, bevor das Interesse der Lerner nachläßt.

4. Zum Abschluß spielen Sie den gesamten Text vor.

Anmerkung:
Dieser Übung gelingt es, den langweiligsten Text lebendig zu machen! Den Lernern macht es Spaß, aufmerksam zuzuhören, um das Gehörte im geschriebenen Wort wiederzuerkennen und sich so einen Text spielerisch zu erarbeiten.

NIVEAU: ★★ bis ★★★★

LERNZIELE: Vervollständigung eines Textes; gezielt ausgewählte Grammatik- oder Wortschatzarbeit

MATERIAL: Tipp-Ex; Kopien der bearbeiteten Textversion sowie des Originaltextes (s. S. 90 f)

VORBEREITUNG:

Kopieren Sie die Textvorlage auf Seite 91 oder wählen Sie selbst einen geeigneten Text aus. Im letzteren Fall bearbeiten Sie das Material wie folgt:

1. Löschen Sie mit Tipp-Ex diejenigen Wörter, auf die Sie die Aufmerksamkeit der Lerner lenken wollen. Dabei kann es sich entweder um Lexis aus einem bestimmten Themenbereich handeln (vgl. das Beispiel auf S. 90 f) oder aber um bestimmte Grammatikphänomene. Wenn Sie zum Beispiel den richtigen Gebrauch der Verbformen üben wollen, löschen Sie eine entsprechende Anzahl von Verben.

Ein und dasselbe Wort darf nur einmal gelöscht werden. Es empfiehlt sich, die Lücken im Text zu numerieren.

2. Unter dem Text stellen Sie eine alphabetisch geordnete Liste der gelöschten Wörter zusammen, wobei diese jeweils nur in einer möglichst neutralen Form (Substantive im Singular, Adjektive in der männlichen Form, Verben im Infinitiv) angegeben werden.

3. Kopieren Sie die bearbeitete Textversion mit der Wortliste sowie gegebenenfalls auch den Originaltext.

UNTERRICHTSVERLAUF:

1. Verteilen Sie die bearbeitete Textversion. Erklären Sie den Lernern, daß sie die angeführten Wörter sinngemäß in die Textlücken einfügen sollen und daß jedes Wort nur einmal vorkommt. Weisen Sie auch darauf hin, daß die angegebenen Grundformen entsprechend den Erfordernissen des Textes abgewandelt werden müssen. Es kann individuell, in Paaren oder in Kleingruppen gearbeitet werden. Die Benutzung des Wörterbuchs ist erlaubt, ja sogar erwünscht.

2. Anschließend einigt sich das Plenum auf eine gemeinsame Textfassung. Zum Abschluß können Kopien des Originaltextes verteilt werden, um die Ergebnisse zu überprüfen.

Anmerkung:
Diese Übung bietet den Vorteil, daß sie auch bei inhomogenen Klassen sinnvoll eingesetzt werden kann: Fortgeschrittenere Lerner erhalten eine Textversion mit mehr oder anderen (= schwierigeren) Lücken als die weniger fortgeschrittenen Kursteilnehmer. Dennoch wird gemeinsam auf ein und dasselbe Ziel, d.h. die Rekonstruktion des Originaltextes, hingearbeitet.

Metti una sera a cena da "Baffetto"

L'esplosione delle pizzerie a Roma risale, molto probabilmente, agli anni '70: era il pasto più in voga tra chi aveva problemi di soldi. La pizzeria era ed è il luogo preferito per incontri tra amici, per iniziare la serata o per concluderla dopo un cinema o un teatro.
La pizza a Roma ha delle precise caratteristiche: è sottile, dai bordi croccanti, quasi tutte sono con pomodoro e, preferibilmente, cotte nel forno a legna. La bevanda maggiormente gradita con questo pasto veloce è la birra, in continua espansione nel nostro mercato. Questo anche se i dietologi preferiscono e raccomandano un bicchiere di vino al posto di altre bevande. Un'altra caratteristica è l'omogenea distribuzione delle pizzerie: ce ne sono in tutti i quartieri, con una concentrazione maggiore, è naturale, nel centro città. Alcune sono considerate "storiche", come quella, ad esempio, di viale Trastevere al numero 53. E' la pizzeria Panattoni, conosciuta ai più come "l'obitorio" per via delle ceramiche alle pareti e dei tavolini di marmo; è una delle pizzerie più frequentate da gruppi di giovani e dalle famiglie. Un nome che si sente spesso è Ivo, sempre a Trastevere in via San Francesco a Ripa, 157, famosa un tempo per i prezzi abbordabilissimi. Un locale enorme a due passi da via del Corso, esattamente in largo dei Lombardi 7, è La capricciosa, dal nome della famosa pizza che qui ha visto i natali decenni or sono. Un'insegna che vede un costante successo è Baffetto, in via del Governo Vecchio, 114. Caratteristica di questa pizzeria è la fila, a qualsiasi ora, fuori dalla porta d'ingresso, le dimensioni della pizza davvero considerevoli e lo spessore, sottilissimo, della stessa.

Aus: UNO, Libro dello studente, S.139, Bonacci/Klett 1992/94

Metti una sera a cena da „Baffetto"

L'esplosione delle pizzerie a Roma risale, molto probabilmente, agli anni'70: era il pasto più in voga tra chi aveva *(1)* _____ di soldi. La *(2)* _____ era ed è il luogo preferito per incontri tra *(3)* _____ per iniziare la serata o per concluderla dopo un *(4)* _____ o un teatro.

La pizza a Roma ha delle precise caratteristiche: è sottile, dai bordi croccanti, quasi tutte sono con *(5)* _____ e, preferibilmente, cotte nel forno a legna. La bevanda maggiormente gradita con questo pasto veloce è la *(6)* _____, in continua *(7)* _____ nel nostro mercato. Questo anche se i dietologi preferiscono e raccomandano un *(8)* _____ di vino al posto di altre *(9)* _____.

Un'altra caratteristica è l'omogenea distribuzione delle pizzerie: ce ne sono in tutti i *(10)* _____, con una concentrazione maggiore, è naturale, nel centro città. Alcune sono considerate „storiche", come quella, ad esempio, di viale Trastevere al numero 53. E' la pizzeria Panattoni, conosciuta ai più come „l'obitorio" per via delle *(11)* _____ alle pareti e dei *(12)* _____ di marmo.; è una delle pizzerie più frequentate da gruppi di *(13)* _____ e dalle famiglie. Un *(14)* _____ che si sente spesso è Ivo, sempre in Trastevere in via San Francesco a Ripa, 157, famosa un tempo per i prezzi abbordabilissimi. Un *(15)* _____ enorme a due passi da via del Corso, esattamente in largo dei Lombardi 7, è La capricciosa, dal nome della famosa *(16)* _____ che qui ha visto i natali decenni or sono. Un'insegna che vede un costante *(17)* _____ è Baffetto, in via del Governo Vecchio, 114. Caratteristica di questa pizzeria è la fila, a qualsiasi *(18)* _____, fuori dalla porta d'ingresso, le dimensioni della pizza davvero considerevoli e lo spessore, sottilissimo, della stessa.

Fehlende Substantive (angegeben im Singular):

amico	espansione	pizzeria
bevanda	giovane	pomodoro
bicchiere	locale	problema
birra	nome	quartiere
ceramica	ora	successo
cinema	pizza	tavolino

NIVEAU: ✶✶ bis ✶✶✶✶

LERNZIELE: Vokabelwiederholung (nach individueller Wahl der Lerner); freie Textproduktion

MATERIAL: 12 bis 15 Bilder oder Fotos mit einprägsamen visuellen Elementen; Haftstreifen o. ä. zum Befestigen der Fotos an den Wänden; großer Unterrichtsraum, der es den Lernern erlaubt, sich frei zu bewegen

VORBEREITUNG:

Befestigen Sie die Bilder an den Wänden des Unterrichtsraums.

UNTERRICHTSVERLAUF:

1. Bitten Sie die Lerner, mindestens 6 Wörter aufzulisten, die sie sich nur schwer merken können, oder solche, die sie erst kürzlich gelernt haben. Diese kleine Erinnerungsübung kann auch als Hausaufgabe vergeben werden.

2. Fordern Sie die Lerner auf, umherzugehen und sich insgeheim ein Bild auszuwählen, mit dem sie arbeiten wollen. (Es spielt keine Rolle, wenn ein und dasselbe Bild von mehreren Personen gewählt wird.)

3. Nun geht es darum, eine Geschichte zu diesem Bild zu schreiben und dabei mindestens 5 der aufgelisteten Wörter zu verwenden. Diese Wörter werden unterstrichen. In der Zwischenzeit gehen Sie umher, helfen, wo es nötig ist, und machen gegebenenfalls Verbesserungsvorschläge.

4. Bitten Sie die Lerner, Kleingruppen zu bilden, sich gegenseitig die Texte vorzulesen und die Bilder zu erraten, auf die sie sich beziehen.

5. Wenn alle Gruppen damit fertig sind, bitten Sie die Lerner, ihre Namen unter die Texte zu schreiben, sie neben den betreffenden Bildern an der Wand zu befestigen und dann umherzugehen und über Texte und Bilder zu sprechen.

Regen Sie an, daß die Lerner vereinbaren, sich in der nächsten Unterrichtsstunde gegenseitig abzufragen, um zu überprüfen, ob sie sich die jeweiligen Wörter gemerkt haben.

60

NIVEAU:	★★ bis ★★★★
LERNZIELE:	kreatives Schreiben – freie Textproduktion
MATERIAL:	Reproduktionen berühmter Gemälde (möglichst Postkartengröße) und kleine Kärtchen (je 1 pro Lerner)

VORBEREITUNG:

Wählen Sie einige Reproduktionen von nicht allzu modernen Gemälden aus. Schreiben Sie auf jedes Kärtchen ein Wort, das einen modernen Gegenstand bezeichnet, z.B.: *televisore, macchina da scrivere, lavatrice, elicottero* etc.

UNTERRICHTSVERLAUF:

1. Geben Sie jedem Lerner ein Bild und ein Kärtchen. Es geht nun darum, eine Geschichte zu schreiben, die die beiden Elemente in irgendeiner Weise verbindet. Wenn Sie wollen, können Sie ein Beispiel vorgeben, aber wahrscheinlich ist dies nicht erforderlich.
Gehen Sie umher und helfen Sie, wenn es nötig ist. Korrigieren Sie aber nur sehr behutsam und unterbrechen Sie keinesfalls den Gedankengang beim Schreiben. Achten Sie auch darauf, daß der Stil des Lerners durch Ihre Korrekturen nicht verkrampft wird.

2. Wenn alle ihre Geschichte beendet haben, präsentieren die Lerner reihum ihr Bild, teilen das Wort mit und tragen ihre Geschichte vor.

Hier zwei Beispiele für eine Geschichte:

Bild: Frans Hals, „Malle Babbe"

Wort: *macchina da scrivere*

Bild: P.S.Krøyer, „To fruer på stranden"
Wort: *elicottero*

Su questa cartolina vedo una donna. Ha un bicchiere di birra in mano e una civetta sulla spalla. Ride e si guarda intorno. Cerca una macchina da scrivere, perché vuole mandare una lettera a suo marito per dirgli quanto sia felice...

Ecco due signore eleganti che passeggiano lungo la spiaggia. Chissà che cosa si raccontano!? Fra poco arriverà un elicottero che le porterà nelle loro ville di campagna...

61

NIVEAU: ✶✶ bis ✶✶✶✶
LERNZIELE: Wortschatzarbeit und Textproduktion

VORBEREITUNG:

Korrektur der Lernertexte (für die zweite Unterrichtsstunde)

UNTERRICHTSVERLAUF:

Erste Unterrichtsstunde:

1. Lassen Sie sich von der Klasse 6 italienische Wörter diktieren und schreiben Sie diese an die Tafel, z.B. *sole, pelle, donna, madre, ufficio, cane*.

2. Teilen Sie die Klasse in 6 Gruppen und teilen Sie jeder Gruppe ein Wort zu. Es ist nun Aufgabe der Gruppe, zu dem betreffenden Wort möglichst spontan weitere Wörter zu assoziieren. Geben Sie den Lernern dafür 5 Minuten Zeit. Daraufhin schreibt jeweils ein als „Sekretär/in" bestelltes Gruppenmitglied die Ergebnisse an die Tafel. Dieser Tafelanschrieb könnte beispielsweise so aussehen:

SOLE	**PELLE**
luna, stelle, estate, caldo, astronomia, macchie solari	borsa, scarpe, morbido, camoscio, viso, delicato, allergia
DONNA	**MADRE**
uomo, animale, discriminazione, femminismo, bella, sensibile	padre, figli, famiglia, incinta, maternità, bambino
UFFICIO	**CANE**
lavoro, telefono, macchina da scrivere, computer, colleghi	gatto, topo, mordere, abbaiare, pastore

3. Bitten Sie nun die Lerner, alle 6 Wortgruppen abzuschreiben. Stellen Sie sicher, daß jeder Lerner die Bedeutung sämtlicher Wörter kennt. Es geht nun darum, in Gruppenarbeit eine kleine Geschichte zu schreiben, in der *mindestens ein* Wort aus *jeder* Wortgruppe vorkommt.

4. Sammeln Sie die Geschichten ein und korrigieren Sie sie zu Hause.

Zweite Unterrichtsstunde:

5. In der nächsten Stunde bitten Sie die Lerner, sich wieder in den alten Gruppen zusammenzufinden. Geben Sie nun jeder Gruppe ihren – von Ihnen korrigierten – Text, der von einem/r Sprecher/in vorgelesen wird. Der Rest der Klasse hört aufmerksam zu und überprüft, ob die entsprechenden Wörter darin vorkommen.

VARIANTE:

Diese Aufgabe kann auch als Hausarbeit vergeben werden, wobei es reizvoll sein kann, für die Texte, die die größte Anzahl der vorgegebenen Wörter enthalten, Pluspunkte zu vergeben bzw. kleine Preise auszusetzen.

NIVEAU:	★★ bis ★★★★
LERNZIELE:	Wortschatzarbeit und Textproduktion
MATERIAL:	mehrere große Blätter Papier (möglichst Flip-chart); dicker Filzstift; Reißnägel, Hafties oder Tesafilm zum Befestigen

VORBEREITUNG:

Denken Sie sich ein Diskussionsthema aus; hier einige Beispiele zur Anregung:
- *Che cosa bisogna fare per salvare il nostro pianeta?*
- *La società di domani*
- *Come vivere la vecchiaia*
- *La donna nel mondo di oggi*
- *La fame nel terzo mondo – cause e rimedi*

UNTERRICHTSVERLAUF:

1. Teilen Sie den Lernern mit, daß Sie ein Diskussionsthema an das Flip-chart schreiben werden und sie bitten, Ihnen mitzuteilen, welche Wörter und Wendungen ihnen spontan dazu einfallen.

2. Schreiben Sie nun das Thema an das Flip-chart und notieren Sie alle Wörter, Satzfetzen, bildlichen Ausdrücke etc., die Ihnen die Lerner zurufen. Greifen Sie helfend ein, wenn Lerner nach neuem Vokabular suchen oder erst flüchtig Gelerntes wieder ins Gedächtnis rufen möchten.

Der Übungsablauf kann hin und wieder ins Stokken geraten: zeigen Sie Geduld, versuchen Sie aber dennoch, den Prozeß auf möglichst unauffällige Weise wieder anzukurbeln.

3. Wenn keine neuen Assoziationen mehr produziert werden, bitten Sie die Lerner, die Wörter am Flip-chart durchzulesen und zu überlegen, wie sie gruppiert werden könnten. Es empfiehlt sich, jede Gruppe mit einem Buchstaben oder Symbol zu kennzeichnen. Wahrscheinlich wird eine Reihe von Wörtern übrigbleiben, die sich in keine Gruppe eingliedern läßt.

Beim Thema *La donna nel mondo di oggi* könnten beispielsweise u.a. folgende Gruppen und Wörter zusammengestellt werden:

A	segretaria, stipendio, a tempo pieno etc.
B	casa, figli, cucina etc.
C	discriminazione, femminista, legge etc.

Schreiben Sie die Wörter je einer Gruppe auf ein großes Blatt Papier und befestigen Sie die Blätter an den Wänden des Unterrichtsraums.

4. Nun sucht sich jeder Lerner diejenige Wortgruppe aus, die ihm/ihr am meisten zusagt, und bildet daraufhin eine Kleingruppe mit den Kursteilnehmern, die dieselbe Wahl getroffen haben. Es geht jetzt darum, in Gruppenarbeit einen Text zu erstellen, der alle Wörter der entsprechenden Gruppe enthält. Geben Sie Hilfestellung, wo es nötig ist.

5. Ein Sprecher jeder Gruppe trägt sodann den Text im Plenum vor. Anschließend wird er besprochen, kritisiert und gegebenenfalls korrigiert.

6. Um das Sprachmaterial zur Wiederholung zu nutzen, sammeln Sie die Texte ein, tippen sie und verteilen sie in einer der nächsten Stunden. Sie können so als Diskussionsgrundlage verwendet werden.

NIVEAU: ✳ ✳ ✳

LERNZIELE: über die Unterrichtserwartungen diskutieren; Ansichten äußern

Dieser Übungstyp dient dazu, Hemmungen in einer neu zusammengesetzten oder wenig kommunikationsfreudigen Gruppe abzubauen und dem Lehrer Einblick in die in ihn gesetzten Erwartungen zu geben. Auch andere „heikle Themen" können in derselben Weise angegangen werden.

VORBEREITUNG:

S. 97 kopieren. Sie benötigen für jeden Teilnehmer eine Kopie sowie mindestens eine zusätzliche Kopie. Letztere zerschneiden Sie in 9 „Kärtchen". Entsprechend Ihrer Teilnehmerzahl – wir gehen von 10-12 Personen aus – fügen Sie noch ein bis drei leere Kärtchen hinzu, die Sie mit der Anweisung versehen: *Dica quello che pensa veramente!*

UNTERRICHTSVERLAUF:

1. Verteilen Sie die Kärtchen an die Lerner. (Es empfiehlt sich, alle Kärtchen in einen Hut oder in eine Tasche zu geben und die Lerner selbst ziehen zu lassen. Durch das Zufallsprinzip werden nämlich etwaige Hemmungen, sich über negative Gefühle zu äußern, abgebaut.)

2. Geben Sie den Lernern nun Zeit für eine 10-15 minütige Diskussion, die von einem der Teilnehmer moderiert wird. Dabei sollen sich die Teilnehmer aus ihrer *Rolle* heraus äußern bzw. entsprechend verhalten, ohne direkt zu sagen, was auf ihrem Kärtchen steht.

Während der Diskussion stehen Sie den Lernern zur Verfügung, wenn sie Vokabelhilfe oder andere Unterstützung benötigen.

3. Nach etwa 15 Minuten beenden Sie die Diskussion und verteilen die kopierten Blätter. Die Lerner sollen nun herausfinden, wer welches Kärtchen hat und wer gesagt hat, „was er/sie wirklich denkt". Fordern Sie die Lerner auf, ihre Vermutungen zu begründen.

4. An dieser Stelle sind die Lerner oft bereit, ihre Bedürfnisse und Erwartungen zu klären und kundzutun.

Bestimmen Sie nun als neuen Moderator einen Teilnehmer, der gesagt hat, „was er wirklich denkt", und beginnen Sie eine neuerliche Diskussion, in der jeder seine eigenen Standpunkte, Erwartungen, Wünsche und Empfindungen einbringen kann.

Sig. A: Ma perché devo sentire sempre gli errori degli altri? Io voglio imparare un linguaggio corretto. Secondo me l'insegnante dovrebbe parlare di più e soprattutto correggere tutti gli errori.

Sig.ra B: Quello che mi piace di più sono i giochi. Io in fondo sono qui perché voglio stare con altra gente. Se poi imparo qualcosa, tanto meglio ...

Sig.ra C: Odio le discussioni, quelle politiche, per esempio. Quando la gente non è d'accordo, sto sempre male. Al corso d'italiano voglio invece divertirmi e non discutere!

Sig. D: Mi piace entrare in contatto con la gente. Parlando un'altra lingua, posso conoscere più persone. Anche se faccio degli errori, non importa. Basta farsi capire.

Sig. E: Normalmente gli insegnanti parlano troppo. Si mettono sempre al centro di tutto.

Sig.ra F: In fondo imparo di più se lavoro da sola con un libro. Tutte queste discussioni e attività in classe non mi sembrano molto efficaci.

Sig. G: Come intellettuale non sono molto d'accordo con tutti questi giochi in classe. E' roba da bambini. E poi prende un sacco di tempo...

Sig.ra H: Perché lo chiede a me? E' l'insegnante che dovrebbe sapere come fare la lezione!

Sig. I: La grammatica è la base di tutto. Senza conoscere la grammatica non puoi cominciare a parlare.

NIVEAU: ★★★
LERNZIELE: syntaktisch korrekte Sätze bilden
MATERIAL: Zeitung oder Zeitschrift

VORBEREITUNG:

Kopieren Sie eine Seite aus einer Zeitschrift oder Zeitung etwa 3 bis 5 Mal.

UNTERRICHTSVERLAUF:

1. Bilden Sie Dreier- oder Vierergruppen und verteilen Sie an jede Gruppe ein kopiertes Blatt.

2. Jede Gruppe wählt nun einen Artikel aus und entnimmt diesem ein bis zwei Sätze (mit insgesamt höchstens 24 Wörtern). Sie gehen umher und stellen sicher, daß das gesamte Vokabular verstanden wird.

3. Fordern Sie dann die Gruppen auf, auf einem Blatt Papier ihre Sätze in 4 Kolumnen von je 6 Wörtern aufzuschreiben. Beispielsweise sollten die Sätze
Sotto il cratere l'uomo tenta di domare una forza immensa. Si tratta di salvare, in Italia e nel mondo, milioni di vite.
so angeordnet werden:

SOTTO	**DOMARE**	**DI**	**MONDO**
IL	**UNA**	**SALVARE**	**MILIONI**
CRATERE	**FORZA**	**IN**	**DI**
L'UOMO	**IMMENSA**	**ITALIA**	**VITE.**
TENTA	**SI**	**E**	
DI	**TRATTA**	**NEL**	

4. Sammeln Sie nun die Blätter ein und verteilen Sie sie neu. Achten Sie darauf, daß keine der Gruppen ihr eigenes Blatt zurückbekommt. Nun erhält jede Gruppe die Aufgabe, unter Verwendung der in jeder Zeile vorhandenen Wörter Sätze zu bilden, wobei weiteres Wortmaterial hinzugefügt werden darf. Die Länge der Sätze spielt keine Rolle, sie sollen aber grammatikalisch und syntaktisch korrekt sein. Hier ein Beispiel:

Aspettava SOTTO la pioggia e non riusciva a DOMARE la sua tristezza che DI tanto in tanto entrava nel MONDO dei suoi sogni.

Die Gruppe, die zuerst fertig ist und 6 richtige Sätze vorweisen kann, hat gewonnen.

NIVEAU: ★ ★ ★
LERNZIELE: Leseverstehen, Analysieren und Konstruieren von Sätzen
MATERIAL: kleine Kärtchen oder Zettel

VORBEREITUNG:

Suchen Sie aus verschiedenen (möglichst) bekannten Lesetexten (z.B. aus bereits behandelten Lehrbuchtexten) je einen relativ komplexen Satz aus und schreiben Sie ihn auf ein Kärtchen. Sie benötigen für jeden Lerner einen Satz. (Wenn Sie es vorziehen, in Paaren arbeiten zu lassen, reicht ein Satz für je zwei Lerner.)

Hier ein Beispiel: *Una città ricca di monumenti storici, invece, è Anagni, detta anche la «città dei papi» perché nel medioevo è stata la residenza di molti pontefici, tra gli altri anche di Bonifacio VII, il papa che nel 1300 ha indetto il primo «Anno Santo».*
(Aus: *Qualcosa da leggere*, S. 17: La Ciociaria, Klett 1991)

UNTERRICHTSVERLAUF:

1. Erklären Sie den Lernern, daß Sie ihnen nun einen etwas komplexen Satz, den sie bereits kennen, präsentieren werden und daß die Aufgabe darin besteht, die Informationen, die in diesem Satz enthalten sind, in mehreren einfachen Sätzen auszudrücken.

2. Erläutern Sie dies an einem Beispiel, indem Sie einen Satz an die Tafel schreiben und diesen gemeinsam mit den Lernern in Einzelsätze zerlegen. Wenn wir vom obigen Beispielsatz ausgehen, könnte dies so aussehen:
*Anagni è una città ricca di monumenti storici.
Si chiama «città dei papi».
Nel medioevo molti papi hanno avuto la loro residenza a Anagni.
Il nome di uno di questi pontefici è Bonifacio VII.
Ha vissuto intorno al 1300.
Ha proclamato il primo «Anno Santo».*

3. Verteilen Sie nun die Kärtchen mit den Sätzen und bitten Sie die Lerner, jeweils ihren Satz zu zerlegen, die neuen Sätze untereinander auf einen Zettel zu schreiben und eine Überschrift dazu zu erfinden.

4. In der Zwischenzeit gehen Sie umher und berichtigen die Fehler.

5. Wenn die Lerner bzw. Zweiergruppen ihre Arbeit abgeschlossen haben, sammeln Sie die Originalsätze ein.

6. Bitten Sie nun die Lerner, ihre Zettel auszutauschen und zu versuchen, aus den aufgelisteten kurzen Sätzen einen komplexeren Satz zu bilden, der einen Sinn ergibt.

7. Auch hierbei greifen Sie unterstützend ein, wenn Hilfe erforderlich ist, und hängen dann die neu zusammengebauten Sätze an die Wand, damit sie alle sehen können.

8. Nun sagen Sie den Lernern, aus welchen Texten die Originalsätze stammen und bitten sie, sie zu suchen. Dies ist gegebenenfalls eine sinnvolle Hausaufgabe, die das kursorische Lesen einüben läßt. Anschließend kann über die Unterschiede zwischen der Originalfassung und der Lernerfassung gesprochen werden, wobei die Originalversion nicht immer die beste sein muß!

NIVEAU: ★★★
LERNZIELE: Wortschatz (Wörter, die man leicht verwechselt)
MATERIAL: Zettel oder Kärtchen

VORBEREITUNG:

a) Stellen Sie eine Liste der Wörter zusammen, die bei den Lernern – entsprechend dem jeweiligen Lernniveau – oft zu Verwechslungen führen. Bereiten Sie sich so vor, daß Sie die Unterschiede deutlich erklären können. Hier eine mögliche Liste:

> *alto/grande – arrivederci/arrivederLa – ascoltare/sentire – banca/panchina – capello/cappello – casino/casinò – contro/verso – dannare/condannare – durante/mentre – fare/lasciare – foglia/foglio – giorno/giornata – imputato/accusato – in/fra – la fine/il fine – la morale/il morale – meritare/guadagnare – partita/partito – pesce/pesca – premio/prezzo – sete/seta – straniero/estraneo – suonare/giocare – vecchio/antico*

b) Schreiben Sie – für jeden Teilnehmer – je drei Wörter auf einen Zettel. Achten Sie dabei darauf, daß Sie die Auswahl so treffen, daß das jeweilige „Partnerwort" auf einem anderen Kärtchen verwendet wird, z.B.:

> *partita – premio – meritare*

> *partito – suonare – foglia*

> *prezzo – giorno – banca*

> *guadagnare – giocare – giornata*

UNTERRICHTSVERLAUF:

1. Verteilen Sie an die Lerner je einen der Zettel mit drei Wörtern. Jeder Lerner geht nun umher und versucht, die drei Partner zu finden, auf deren Zetteln jeweils ein Wort steht, das mit einem seiner/ihrer Wörter leicht verwechselt werden kann.

2. Wenn Sie der Übung Wettbewerbscharakter verleihen wollen, beenden Sie das Spiel, sobald der erste Lerner seine Partner gefunden hat. Andernfalls warten Sie so lange, bis alle ihre Aufgabe gelöst haben.

In der Zwischenzeit können Sie schnellere Lerner mit weiteren und anspruchsvolleren Beispielen beschäftigen.

Wenn nötig, geben Sie Gelegenheit, auftretende Fragen zu klären.

3. Fordern Sie nun die Lerner dazu auf, einige Sätze zu bilden, um den unterschiedlichen Gebrauch oder die unterschiedliche Bedeutung der „Partnerwörter" zu verdeutlichen.

Gehen Sie umher und überprüfen Sie, was die Lerner geschrieben haben. Schließlich lesen einzelne Teilnehmer ihre Wörter und Sätze laut vor, und die anderen kommentieren.

Anmerkung:
Diese Übung veranlaßt meist die Lerner, über weitere Vokabelprobleme zu sprechen.

67

NIVEAU: ★★★

LERNZIELE: Konditional bzw. Bedingungssatz

UNTERRICHTSVERLAUF:

1. Ein Lerner verläßt den Raum. Die Gruppe vereinbart, daß die abwesende Person einen bestimmten Beruf (z.B. *direttore d'orchestra*) ausübt. Sie muß erraten, um welchen es sich handelt. Hinweise werden durch folgende Äußerungen gegeben:
Al tuo posto mi comprerei uno smoking. Oder:
Se fossi al tuo posto dovrei lavorare spesso di sera.

Einige dieser Sätze sollen vorbereitet werden, solange die betreffende Person noch abwesend ist. Sätze, die allzu eindeutige Hinweise geben (z.B.: *Se fossi al tuo posto, dirigerei un'orchestra*), sind zu vermeiden.

2. Die ratende Person kann ihrerseits Fragen stellen, und zwar so:
Se voi foste al mio posto suonereste uno strumento?
Usereste molto le vostre mani?
Conoscereste bene la musica di Mozart?

3. Wenn der Übungsablauf ins Stocken gerät, können Sie der Gruppe auf kleinen Zetteln Stichwörter zuschieben, die die Phantasie anregen, z.B. *applausi, concerto* etc. Eine andere Möglichkeit der Aktivierung ist folgende: Die Gruppe wendet der ratenden Person den Rücken zu und mimt den Beruf.

NIVEAU: ★★★

LERNZIELE: Konsequenzen aufzeigen, Hypothesen bilden – Bedingungssatz

Diese Übung empfiehlt sich nur für Gruppen, deren Mitglieder sich genügend lange kennen und ein gewisses gegenseitiges Vertrauen entwickelt haben.

UNTERRICHTSVERLAUF:

1. Sprechen Sie mit den Lernern darüber, was sie gerne/oft tun und demnächst wieder tun werden. Schreiben Sie einige Beispiele an die Tafel, z.B.:
Brigitte è sempre molto curiosa e vuole sapere tutto, Susanne arriva spesso in ritardo e Peter non ricorda mai il mio nome.

Lassen Sie weitere Beispiele finden und schreiben Sie sie ebenfalls an die Tafel.

2. Fragen Sie die Lerner, wie sie reagieren werden, wenn sich die betreffenden Personen wie beschrieben verhalten, z.B.:

Se la prossima volta Peter non ricorda il mio nome, mi deve offrire una birra.

3. Verändern Sie nun die Namen in den Beispielen, so daß die Eigenschaften Lernern zugeschrieben werden, auf die sie normalerweise nicht zutreffen. Wie würden die anderen reagieren, wenn sich die Betreffenden so verhielten? Nun ist eine Situation geschaffen, in der das Konditional erforderlich wird, z.B.:
Se Maria domani non ricordasse più il mio nome, mi offenderei.

NIVEAU: ★★★

LERNZIELE: Textproduktion; Grammatikwiederholung; Rechtschreibung

VORBEREITUNG:

1. Unterrichtsstunde – keine; 2. Unterrichtsstunde – siehe Punkt 2

UNTERRICHTSVERLAUF:

Erste Unterrichtsstunde:

1. Erarbeiten Sie gemeinsam mit der Klasse einen Text. Als Anregung kann alles dienen: ein komisches Erlebnis, einige unzusammenhängende Bilder, ein Buch etc.

Achten Sie darauf, daß sich alle Lerner am Schreiben des Textes beteiligen, so daß jeder einzelne das Gefühl bekommt, daran mitgewirkt zu haben. Sie können den Text an die Tafel schreiben, Sie können ihn aber auch in Ihrem Notizbuch festhalten, wobei Ihnen der Wortlaut von den Lernern diktiert wird.

2. Vor der nächsten Unterrichtsstunde reduzieren Sie den Text auf etwa 12 Sätze, wobei Sie jeden Satz auf einen getrennten Papierstreifen schreiben.

Dabei nutzen Sie die gute Gelegenheit, neue Wörter einzuführen, denn die Lerner werden das unbekannte Sprachmaterial leicht erschließen können, da es sich um „ihre" Geschichte handelt. Außerdem können Sie gezielt grammatische Strukturen verwenden, die geübt werden sollen (z.B. Verben im *passato prossimo*).

Achten Sie darauf, daß die Sätze Elemente von jedem Teilnehmer enthalten und daß genügend Papierstreifen vorhanden sind, so daß jeder Teilnehmer mindestens einen bekommt.

Zweite Unterrichtsstunde:

3. In der nächsten Unterrichtsstunde verteilen Sie die Papierstreifen. Es ist nun Aufgabe der Lerner, die Geschichte zusammenzusetzen. Helfen Sie nur, wenn es echte Probleme gibt.

4. Sobald die Sätze in die richtige Reihenfolge gebracht sind, bitten Sie einzelne Lerner, Ihnen die Geschichte zu diktieren. Während Sie sie an die Tafel schreiben, unterbrechen Sie bei jeder fehlerhaften Aussprache oder sinnentstellenden Diktion. Bitten Sie den Rest der Klasse, Ihnen klarzumachen, was Sie schreiben sollen. Geben Sie den Lernern die erforderliche Zeit, den Text abzuschreiben.

5. Auf der Grundlage dieses Textes kann nun gezielt Grammatik- oder Wortschatzarbeit durchgeführt werden (siehe Punkt 2).

NIVEAU: ★★★
LERNZIELE: beschreiben
MATERIAL: kleine Zettel

VORBEREITUNG:

Schreiben Sie auf je einen Zettel Wörter wie *televisore, bicicletta, occhiali, casa, fiore, ombrello* etc. Die ausgewählten Wörter sollen Gegenstände benennen, die den Lernern vertraut sind und deren italienische Bezeichnung sie kennen. Falten Sie die Zettel so, daß das Geschriebene nicht lesbar ist.

UNTERRICHTSVERLAUF:

1. Führen Sie Redemittel ein, die zur Beschreibung von Gegenständen und zur Verdeutlichung räumlicher Beziehungen erforderlich sind. Ausdrücke wie diese werden wahrscheinlich benötigt:

Adjektive: *rotondo, ovale, rettangolare, triangolare, lungo, corto, piccolo, grande, orizzontale, verticale*

Substantive: *linea, cerchio, semicerchio, quadrato, rettangolo, triangolo*

Ortsadverbien und -präpositionen: *a destra/sinistra, sotto, sopra, (più) in alto/in fondo, nell'angolo, in mezzo, al centro, all'interno di, intorno a.*

2. Bitten Sie einen Lerner, der gut zeichnen kann, an die Tafel zu kommen. Fordern Sie einen oder zwei andere Lerner auf, einen Zettel zu ziehen und den darauf bezeichneten Gegenstand zu beschreiben, *ohne seine Funktion zu nennen*. Mit anderen Worten: Ein Fernseher sollte *nicht* beschrieben werden als
oggetto per guardare, per esempio, un film,
sondern vielmehr als
rettangolo all'interno di un altro rettangolo con alcuni piccoli cerchi in fondo a destra.

3. Der als „Künstler" bestellte Lerner zeichnet den Gegenstand entsprechend der Beschreibung an die Tafel. Der Rest der Klasse versucht, aufgrund der Beschreibung und der Zeichnung zu erraten, um welchen Gegenstand es sich handelt. Der Lerner, der den Gegenstand beschreibt (es können, wie bereits erwähnt, auch zwei sein), kann dem Künstler weitere Informationen geben, wenn die Zeichnung nicht präzise genug ist und der Gegenstand nicht erraten werden kann, z.B.: *No, non così, il secondo rettangolo è più piccolo.* Oder: *Sì, così va bene, ma mettilo un po' più a sinistra.*

4. Der Lerner, der als erster den Gegenstand errät, zieht den nächsten Zettel und setzt die Übung fort. Wenn er/sie möchte, kann er/sie sich einen Partner wählen.

Anmerkung:
Die Übung ist umso anspruchsvoller, je genauer die Regel eingehalten wird, nichts über die Funktion des Gegenstandes auszusagen.

NIVEAU:	★ ★ ★
LERNZIELE:	Vermutungen äußern und begründen; einen Werbetext erstellen
MATERIAL:	1 Werbeanzeige, Klebstoff, Karton, Schere

VORBEREITUNG:

Wählen Sie eine Werbeanzeige aus, bei der das Produkt in keinem offensichtlichen Zusammenhang mit der Illustration steht (z.B. Wasserfall in einer Zigarettenreklame). Kleben Sie die Anzeige auf Karton und zerschneiden Sie sie in etwa 10 Teile.

UNTERRICHTSVERLAUF:

1. Geben Sie der Klasse einen Teil des von Ihnen erstellten Puzzles. Lassen Sie es herumreichen, erklären Sie den Lernern, daß es Teil einer Werbeanzeige ist und lassen Sie raten, für welches Produkt hier geworben werden könnte. Ein/e „Sekretär/in" schreibt die verschiedenen Hypothesen an die Tafel.
Als Redemittel können Wendungen wie
Secondo me è...
Potrebbe essere...
Chissà che non sia... (oder: *Chissà se è...*)
Credo che sia...
wiederholt bzw. erarbeitet werden.

2. Geben Sie den Lernern nach und nach weitere Teile des Puzzles und lassen Sie sie weiter spekulieren und ihre Annahmen begründen. Geben Sie keine Hinweise auf die Richtigkeit der Vermutungen. Erst wenn das Puzzle abgeschlossen ist, wird erkennbar, wofür die Anzeige werben soll.

3. Bitten Sie nun die Lerner, eines der Produkte, die der/die „Sekretär/in" an die Tafel geschrieben hat, auszuwählen und eine entsprechende Werbeanzeige zu erstellen. Dabei soll der Text bzw. die Zeichnung keinen direkten Bezug zum Produkt haben. Beispielsweise kann ein einsamer Strand mit Palme für ein Möbelstück werben oder ein Fahrrad zum Kauf eines Computers anregen.

4. Die Lerner zeigen nun ihre Zeichnungen bzw. tragen ihre Texte vor, und der Rest der Klasse versucht, herauszufinden, welches der an der Tafel aufgeführten Produkte oder Dienstleistungen damit beworben werden soll. (Achten Sie auf die Verwendung der unter Punkt 1 angeführten Redemittel.) Jede vorgebrachte Hypothese soll außerdem begründet werden. Schließlich erläutert der betreffende „Werbetexter" die der Anzeige zugrundeliegende Idee und Umsetzung.

5. Zum Abschluß empfiehlt es sich, die Lerner aufzufordern, einen Slogan zu erfinden, der einen Zusammenhang zwischen dem Produkt einerseits und ihrem Bild bzw. Text andererseits herstellt.

NIVEAU: ★★★

LERNZIELE: einen Werbetext formulieren und mündlich vortragen

MATERIAL: Werbeanzeigen, Bildmaterial; evtl. Tonbandgerät oder Cassettenrecorder

VORBEREITUNG:

Schneiden Sie komplette Werbeanzeigen sowie Überschriften weiterer Werbeanzeigen aus Zeitschriften aus und bringen Sie unterschiedliches Bildmaterial aus Zeitschriften oder Zeitungen mit.

UNTERRICHTSVERLAUF:

1. Geben Sie jedem Lerner die Kopie einer Werbeanzeige. Lassen Sie die Lerner darüber sprechen, welches Produkt mit dieser Anzeige verkauft wird und auf welche Weise die Aufmerksamkeit des Lesers geweckt und seine Kauflust angeregt werden soll.

2. Geben Sie dann jedem Lerner die Überschrift einer anderen Werbeanzeige, und achten Sie darauf, daß die Teilnehmer unterschiedliche Überschriften haben.

3. Legen Sie nun die Bilder auf dem Tisch aus, und lassen Sie die Lerner das zu ihrer Textzeile geeignet erscheinende Material auswählen, um eine entsprechende Anzeige zu formulieren bzw. zu gestalten.

4. Geben Sie den Teilnehmern etwa 10 Minuten Zeit (bei niedrigem Lernniveau etwas mehr), damit sie die Anzeige verfassen können. Sie selbst stehen als Sprachberater zur Verfügung. Es empfiehlt sich auch, einige Wörterbücher bereitzustellen, die eine Reihe von Vokabelproblemen aus dem Weg schaffen können.

5. Wenn die Lerner ihre Arbeit abgeschlossen haben, bitten Sie sie, ihre Anzeigen werbewirksam vorzutragen. Dabei können Sie das Tonband laufen lassen, um im Anschluß daran sowohl den Text als auch die Vortragsweise mit der Gruppe zu besprechen.

VARIANTE:

Die Lerner verdecken das Bild während ihres Vortrags. Das erhöht die Spannung. Wenn es im Nachhinein „enthüllt" wird, gibt es oft Überraschungen und viel Gelächter!

73

NIVEAU: ★ ★ ★
LERNZIELE: Erstellen eines Werbetextes – informieren und überzeugen
MATERIAL: Werbeslogans

VORBEREITUNG:

Schneiden Sie aus einer geeigneten Zeitschrift einige Werbeslogans aus, die vermutlich Ihre Klasse ansprechen werden. Wenn Sie nichts Passendes finden, können Sie einige Slogans für imaginäre Produkte und Sonderangebote erfinden.

UNTERRICHTSVERLAUF:

1. Bringen Sie das gesammelte Material mit und verwenden Sie es als Anregung für ein „brainstorming" über Werbeslogans. Das bereitet die Atmosphäre für die weitere Arbeit vor.

Hier einige Beispiele:

2. Teilen Sie die Klasse in Zweiergruppen. Beide Partner (A und B) denken sich je ein Produkt aus, das sie gerne sein möchten. Sobald das entschieden ist, erfolgt der Eintritt in die Marketing-Phase. A bereitet einen Werbespot für B vor, und B tut gleichzeitig dasselbe für A. A und B sind miteinander im Gespräch darüber, was ausgesagt werden soll. Lügen und übertreiben gehört zur Spielregel.

Gehen Sie in der Klasse umher und liefern Sie Vokabeln und Ideen, wenn es nötig ist. Korrigieren Sie auch die auftretenden Fehler.

3. Wenn alle ihren Text formuliert haben, präsentiert jeder Lerner sein „Produkt" und trägt seinen Werbespot vor.

Das Produkt soll seinerseits, wenn möglich, die ihm angedichteten Eigenschaften demonstrieren. Wenn z.B. der „Marketingdirektor" behauptet, sein Produkt könne Englisch sprechen, so sagt das „Produkt": *Yes*!

Der Vortrag des Werbetextes sollte sich an den üblichen Fernsehspots orientieren und aus einigen visuellen Elementen bestehen, die von einem Moderator präsentiert werden.

NIVEAU: ★★★
LERNZIELE: Textrekonstruktion und Textproduktion
MATERIAL: Zeitungsartikel, einige Briefumschläge

VORBEREITUNG:

Schneiden Sie Zeitungsartikel aus, deren Schwierigkeitsgrad dem Lernniveau Ihrer Klasse entspricht. Sie benötigen etwa drei Artikel für jede Kleingruppe (vgl. Punkt 1). Kleben Sie nun die Artikel jeweils auf ein Blatt Papier. Trennen Sie dann die Überschriften vom Text der Anzeigen und zerschneiden Sie die Überschriften in einzelne Wörter. Mischen Sie für jede Gruppe die Wörter der drei Überschriften und geben Sie sie in einen Briefumschlag, so daß Sie letztlich für jede Kleingruppe einen Briefumschlag vorbereitet haben.

UNTERRICHTSVERLAUF:

1. Bilden Sie Kleingruppen und verteilen Sie die vorbereiteten Briefumschläge.

2. Sagen Sie den Lernern, daß die Umschläge Wörter von drei Überschriften enthalten. Die Aufgabe besteht nun darin, durch richtiges Aneinanderfügen der Wörter die Überschriften zu rekonstruieren.

Erklären Sie sich bereit, die wörtliche Bedeutung eines jeden Wortes zu erklären, weisen Sie aber darauf hin, daß in Überschriften die Wörter nicht immer in ihrer wörtlichen Bedeutung verwendet werden und daß es eventuell auch darum geht, metaphorische Bedeutungen zu erschließen.

3. Lassen Sie die Gruppen so lange arbeiten, wie sie es möchten. Wenn nötig, greifen Sie helfend ein. Das Zusammenfügen der Wörter sollte ungefähr 10 Minuten in Anspruch nehmen, wird aber je nach Lernniveau der Klasse unterschiedlich lange dauern.

4. Wenn die Überschriften rekonstruiert sind, bitten Sie die Lerner, die Ergebnisse vorzulesen und zu sagen, was die Überschriften aussagen und wovon die entsprechenden Artikel vermutlich handeln werden.

Bitten Sie nun jeden Lerner, eine Überschrift auszuwählen und einen passenden Artikel dazu zu schreiben. (Sind mehr Lerner als Überschriften vorhanden, können letztere kopiert werden.) Die Artikel sollten kurz sein: etwa 5 bis 12 Sätze sind durchaus ausreichend.

5. Anschließend lesen die Lerner ihre Artikel laut vor und vergleichen sie schließlich mit den Originalversionen aus der Zeitung. (Es empfiehlt sich wahrscheinlich, die Originalartikel zu vereinfachen und auf das Lernniveau der Klasse abzustimmen. Es ist jedoch für die Lerner motivierend, wenn sie den Originalartikel in seiner gedruckten Form wenigstens zu sehen bekommen.)

NIVEAU: ★★★
LERNZIELE: Leseverstehen (kursorisches Lesen)
MATERIAL: eine Zeitung

VORBEREITUNG:

Sehen Sie für jeden Lerner eine Zeitungsseite vor und achten Sie darauf, daß jede Seite mindestens zwei komplette Artikel enthält.

UNTERRICHTSVERLAUF:

1. Verteilen Sie die Zeitungsseiten an die Lerner.

2. Bitten Sie nun die Lerner, einen der Artikel auf ihrer Zeitungsseite zu lesen und dann eine Frage dazu an die Tafel zu schreiben, ohne bekanntzugeben, um welchen Artikel es sich handelt. Jedoch soll die Frage so gestellt werden, daß sie nur aufgrund der Lektüre des entsprechenden Artikels beantwortet werden kann.

3. Sammeln Sie danach die Zeitungsseiten wieder ein und legen Sie sie auf einem Tisch aus, oder heften Sie sie an die Wände des Unterrichtsraums. Fordern Sie nun die Lerner auf, die Fragen an der Tafel zu beantworten. Um diese Aufgabe zu erfüllen, müssen die Lerner
– sämtliche Zeitungsseiten überfliegen,
– feststellen, auf welche Artikel sich die Fragen beziehen,
– die entsprechenden Artikel genau lesen und
– die Fragen beantworten.

4. Sobald der erste Lerner fertig ist, besprechen Sie die Antworten mit der Klasse.

Gegebenenfalls können Sie auch eine Diskussion darüber anregen, was zur Identifizierung der einzelnen Artikel geführt hat.

NIVEAU: ✶✶✶ bis ✶✶✶✶

LERNZIELE: Fragen zum Textverständnis formulieren und beantworten, Benutzung eines einspr. Wörterbuchs

MATERIAL: mehrere einspr. ital. Wörterbücher, Kopien eines Lesetextes, Kopien des Fragenkatalogs der Lerner

Diese Übung eignet sich insbesondere zur Prüfungsvorbereitung von „Textaufgaben", da sie die Lerner „am eigenen Leib" erfahren läßt, nach welchen Kriterien ein Prüfer vorgeht.

VORBEREITUNG:

Für die erste Unterrichtsstunde: Wählen Sie einen relativ anspruchsvollen Lesetext – eventuell Lehrbuchtext – aus und kopieren Sie ihn. Der Text sollte ein bis zwei Seiten lang und deutlich in vier bis fünf Abschnitte gegliedert sein. Versehen Sie jeden Abschnitt mit einer Nummer.

Für die zweite Unterrichtsstunde: Überprüfen Sie, ob die Fragen der Lerner sprachlich korrekt formuliert und gut leserlich sind. Fertigen Sie Kopien an.

UNTERRICHTSVERLAUF:

Erste Unterrichtsstunde:

1. Teilen sie die Klasse in vier oder fünf Gruppen und geben Sie jedem Lerner eine Textkopie. Jede Gruppe sollte nach Möglichkeit ein einsprachiges Wörterbuch zur Verfügung haben. Sagen Sie nun der Klasse, daß jede Gruppe für einen bestimmten Abschnitt zuständig ist, und verteilen Sie die Abschnitte an die Gruppen.

2. Sagen Sie den Lernern, daß es ihre Aufgabe ist, 10 Verständnisfragen zu ihrem Abschnitt zu formulieren und daß Sie dann die Fragen einsammeln und für die nächste Stunde kopieren werden. Bitten Sie die Lerner, deutlich zu schreiben.

Wenn Zweifel darüber bestehen, was unter „Verständnisfragen" zu verstehen ist, geben Sie die entsprechende Erklärung. Wenn nötig, führen Sie einige Beispiele an.

Während die Lerner ihre Fragen formulieren, gehen Sie umher und helfen, wo Probleme auftauchen und Hilfe gewünscht wird.

3. Sammeln Sie die Fragen ein, um sie in der nächsten Unterrichtsstunde wieder zu verwenden.

Zweite Unterrichtsstunde:

4. Teilen Sie die Klasse in dieselben vier oder fünf Gruppen wie in der vorausgegangenen Stunde. Verteilen Sie die Kopien mit den Fragen so, daß jede Gruppe den Fragenkatalog einer anderen Gruppe erhält. Es geht nun darum, Fragen zu beantworten, die sich auf einen Abschnitt des Textes beziehen, mit dem sich die betreffende Gruppe bis jetzt nicht befaßt hat. Die Beantwortung der Fragen kann in Einzelarbeit, in Partnerarbeit oder von der gesamten Kleingruppe gemeinsam vorgenommen werden.

5. Sammeln Sie nun die Antworten ein, und geben Sie sie jeweils an die Gruppe, die die diesbezüglichen Fragen gestellt hat, damit sie – gleichsam wie eine Prüfungskommission – die Arbeiten korrigiert.

6. Nach der Korrektur gehen die Arbeiten an die „Prüflinge" zurück, die versuchen sollen, ihre Antworten zu rechtfertigen. An dieser Stelle sollte es zu lebhaften Diskussionen zwischen den Gruppen kommen, es ist jedoch darauf zu achten, daß der Prozeß nicht außer Kontrolle gerät.

7. Zum Abschluß kann eine Diskussion über die Nützlichkeit von Verständnisfragen geführt werden: Inwiefern gibt das korrekte Beantworten von Verständnisfragen Aufschluß darüber, ob der Text tatsächlich verstanden wurde? Fordern Sie die Lerner auf, ihre Meinungen durch konkrete Beispiele zu verdeutlichen.

77

NIVEAU: ★★★

LERNZIELE: Probleme diskutieren und Ratschläge erteilen; Briefe beantworten

MATERIAL: Leserbriefe und Antworten der Zeitschriftenredaktion

VORBEREITUNG:

Schneiden Sie verschiedene Leserbriefe und Antwortbriefe aus entsprechenden Zeitschriften (z.B. „Vera", „Intimità della famiglia", „Grand Hotel" etc.) aus, oder kopieren und zerschneiden Sie die Textbeispiele auf S. 112.

Kleben Sie die Briefe auf festes Papier, und zwar so, daß jeweils auf der Vorderseite ein Leserbrief und auf der Rückseite der zu einem *anderen* Leserbrief gehörende Antwortbrief zu stehen kommt.

UNTERRICHTSVERLAUF:

1. Der Einsatz von Leserbriefen im Unterricht kann auf verschiedene Weise erfolgen:

Variante 1: Ein Lerner liest einen Leserbrief laut vor. Die Klasse diskutiert das angesprochene Problem und macht Lösungsvorschläge. Nachdem jeweils ein oder auch mehrere Briefe in dieser Weise besprochen worden sind, suchen die Lerner auf der Rückseite ihrer Blätter die jeweils passende(n) Antwort(en) und vergleichen sie mit ihren eigenen Problemlösungsvorschlägen.

Variante 2: Ein oder mehrere Leserbriefe werden laut vorgelesen. Die Lerner schreiben einen passenden Antwortbrief. Danach werden die Briefe der Lerner mit den Antwortschreiben der Zeitschriftenredaktion verglichen.

Variante 3: (Diese Variante kann auch als Fortsetzung von Variante 1 oder 2 verwendet werden, jedoch muß in diesem Fall darauf geachtet werden, daß die bereits verwendeten Antwortbriefe nicht nochmals eingesetzt werden!)

Verteilen Sie je einen Antwortbrief an die Lerner und stellen Sie ihnen die Aufgabe, einen Leserbrief zu verfassen, der die Grundlage für den entsprechenden Antwortbrief sein könnte.

Im Anschluß daran suchen die Lerner aus den vorhandenen Originalbriefen jeweils den entsprechenden Leserbrief aus.

2. Nach Abschluß der Arbeiten mit den Briefen können Sie eine Diskussionsrunde über die angesprochene Thematik einleiten: Einsamkeit in der modernen Welt, Kommunikationsdefizite des heutigen Menschen, was Männer und Frauen dazu veranlaßt, sich an den „Kummerkasten" einer Zeitschrift zu wenden...

Solo come un cane?

Cara Luisella, mi chiamo Rocco, ho 22 anni, sono ragioniere e sono impiegato a Genova, ma sono siciliano. Ho lasciato Trapani perché a Genova ho avuto la possibilità di trovare un lavoro. Ma qui ho solo il lavoro e basta: non ho una ragazza, non ho amici, non ho una famiglia perché la mia famiglia vive a Trapani. Il mio problema è essere siciliano! Molte ragazze del Nord non fanno amicizia volentieri con i ragazzi del Sud e così io sono sempre solo come un cane. Poco tempo fa ho conosciuto una commessa della Rinascente, una ragazza genovese molto carina e simpatica, ma dopo il primo incontro mi ha lasciato e sai perché? Perché sono siciliano. Sono veramente molto triste e non so come fare in questa grande città a conoscere una ragazza senza pregiudizi. Scusa lo sfogo e grazie per la tua attenzione.

■ *Caro Rocco, ho letto la tua lettera. Il problema della solitudine in una grande città come Genova è comune a molta gente. È la malattia dell'uomo d'oggi. Tante persone in questo momento sono sole e cercano qualcuno: bisogna avere il coraggio di fare il primo passo. E poi, caro Rocco, perché essere triste? Tu hai un lavoro. Questo è molto importante. E a Genova ci sono tante ragazze senza pregiudizi. Un proverbio dice «Chi cerca trova». Coraggio, allora! Tanti saluti.*

(Aus: Buongiorno 1, S. 59, Klett)

Ama il cugino del suo partner

«Carissimo Saint-Germain, sono una ragazza di 19 anni. Tempo fa mi sono innamorata di un uomo per il quale ho perso la testa. Lui vive in un'altra città, non posso telefonargli, non posso salutarlo in presenza di altre persone, e se ci dobbiamo vedere è solo dove e quando vuole lui. Lui è di sedici anni più grande di me, ha molti soldi, non è sposato, come si suol dire è un dongiovanni. Adesso io sto insieme a un suo cugino, ma non ne sono innamorata, ma forse sto con suo cugino per esser più vicina a lui. Ho bisogno di aiuto».

■ Se ho ben capito, hai perso la testa per uno che assai poco ti considera, al punto di concederti a un cugino che è qualcosa di mezzo tra il tuo custode e il tuo carceriere. Di questa situazione a tre, non avrei niente da dire, se tu ne fossi appagata e felice. Ma non lo sei, in qualche modo avverti benissimo l'umiliazione. Il solo consiglio che posso darti è di riacquistare la tua libertà.

(Aus: Grand Hotel, N. 27, 4/7/92, S. 67)

Un ragazzo skinhead in famiglia

"Cara Vera, sono la zia di Luca, un ragazzo di 18 anni che si veste da skinhead. La testa rasata, il giubbotto nero e la camminata da «duro». Per non parlare della musica assordante che ascolta a tutto volume per ore e ore. È il figlio (unico) di mia sorella e io gli sono sempre stata molto affezionata, forse perché non ho avuto bambini. Ho provato a discutere con lui, ma è come se usassimo due lingue diverse. Lui dice che giudico le persone solo in base a come si vestono. Io, invece, semplicemente lo guardo e mi sembra di non riconoscerlo. Mia sorella e il marito, dopo un periodo di grande rabbia nel vedere il loro ragazzo trasformarsi a poco a poco in un tipo che fa paura, hanno deciso di essere tolleranti e di non interferire nelle sue scelte. Si accontentano del fatto che non è un teppista. In effetti Luca non è mai stato violento, né razzista. Ma si può dire altrettanto dei suoi amici?"

■ Una zia che «non riconosce» il nipote. I genitori che disapprovano il figlio, ma non interferiscono nelle sue scelte. Eppure, nonostante le legittime preoccupazioni degli adulti, Luca non è un teppista, né un violento. È solo un giovane alla ricerca della propria identità. Perché il processo di crescita si realizzi l'adulto deve essere presente, pronto a esprimere il suo eventuale dissenso e a fissare regole e limiti. Ma alla base del rapporto con gli adulti ci deve essere il dialogo. Alla lettrice il compito di recuperarlo e di non farsi condizionare dall'esteriorità. I genitori, invece, non dovranno smettere di rappresentare un punto di riferimento chiaro e costante.

(Aus: Vera, N. 26, luglio 1992, S. 72/73)

NIVEAU: ★★★

LERNZIELE: Vorlieben äußern, Begründungen geben, Vermutungen anstellen

MATERIAL: Gemäldereproduktionen

VORBEREITUNG:

20 bis 30 Reproduktionen von Gemälden aus verschiedenen Epochen (Kunstpostkarten oder Kalenderblätter) beschaffen und durchnumerieren

UNTERRICHTSVERLAUF:

1. Legen Sie die numerierten Bilder auf einem Tisch aus. Fordern Sie die Lerner auf, sich ein Bild auszuwählen, über das sie gerne sprechen möchten. Dabei bleiben die Bilder auf dem Tisch liegen, und niemand sagt den anderen, welches Bild er/sie gewählt hat.

2. Bitten Sie nun die Lerner, je eine Liste der Kursteilnehmer zu erstellen und neben jeden Namen die Nummer des Bildes zu setzen, das – ihrer Meinung nach – der jeweilige Teilnehmer gewählt haben könnte.

Variante: Die Liste der Teilnehmer wird an die Tafel geschrieben, die vermutete Bildwahl jedes einzelnen Teilnehmers durch Gruppenkonsens ermittelt und die betreffende Zahl hinzugefügt.

3. Fordern Sie nun die Lerner auf, das von ihnen tatsächlich gewählte Bild vom Tisch zu nehmen und zu begründen, warum sie gerade dieses Bild gewählt haben. Wenn mehrere Personen dieselbe Wahl getroffen haben, wird das Bild herumgereicht und von den entsprechenden Teilnehmern kommentiert.

4. Nachdem jeweils ein Teilnehmer seine Wahl begründet hat, ist der Rest der Klasse an der Reihe und sagt,

a) welches Bild der betreffende Teilnehmer nach Meinung der anderen gewählt haben könnte und

b) welche Empfindungen und Assoziationen das von diesem Teilnehmer gewählte Bild bei den anderen auslöst.

5. In einer Feedback-Runde sollte nun über die Frage des Geschmacks diskutiert werden sowie über die Zusammenhänge zwischen dem Verhalten eines Menschen und seinen Vorlieben für bestimmte Kunstwerke und Stilrichtungen. Achten Sie darauf, daß die Diskussion auf nicht allzu persönlicher Ebene geführt wird.

NIVEAU: ★★★
LERNZIELE: behaupten und abstreiten, diskutieren
MATERIAL: farbige Haftpunkte oder Filzstifte

Ziel dieser Übung ist es, die Beobachtungsfähigkeit zu fördern.

UNTERRICHTSVERLAUF:

1. Teilen Sie die Klasse in zwei Gruppen: A und B. Bieten Sie dann der Gruppe A einige Diskussionsthemen zur Auswahl (z.B. Geschwindigkeitsbegrenzung auf Autobahnen, Umweltschutz im Alltag, Seniorenuniversitäten etc.) an.

Gruppe A entscheidet sich für ein Thema, um es mit Gruppe B zu erörtern, und bereitet dazu einige Diskussionsfragen vor. Stellen Sie dafür 5 Minuten zur Verfügung.

2. In der Zwischenzeit gehen Sie mit Gruppe B in einen anderen Raum (oder auf den Flur). Bitten Sie die Lerner, sich einen farbigen Punkt auf das Gesicht zu kleben (Haftpunkt) oder zu malen (Filzstift).

Erläutern Sie, daß daraufhin alle in den Unterrichtsraum zurückgehen und sich einen Gesprächspartner suchen sollen. Sollte eine Bemerkung wegen des Punktes fallen, müßten sie dessen Existenz hartnäckig leugnen, sich aber merken, wie der Partner darauf reagiert hat.

3. Während sich Gruppe B „bepunktet", kehren Sie zu Gruppe A zurück und sehen nach, ob die Vorbereitung der Diskussionsfragen zum gewählten Thema abgeschlossen ist. Sie teilen den Lernern mit, daß die Gruppe B nun zum Gespräch zurückkommen wird und daß die Gruppe A während der Diskussion die Hände auf dem Rücken falten solle.

4. Bitten Sie nun die „bepunkteten" Lerner hereinzukommen – eine leichte Hintergrundmusik kann helfen, die Hemmungen abzubauen –, und lassen Sie die Zweiergespräche etwa 5 Minuten dauern. Gehen Sie in der Zwischenzeit umher, helfen Sie, wenn es erforderlich ist, und notieren Sie sprachliche Schwierigkeiten und Unsicherheiten, die Sie zu einem späteren Zeitpunkt behandeln wollen.

5. Versammeln Sie die Klasse abschließend im Plenum und bitten Sie die Paare, ihre Gespräche möglichst genau zu rekonstruieren. Können sie sich genau an alles erinnern? Wie reagierte die Gruppe A auf die Punkte der Gruppe B? Blieben die Hände der Gruppe A auf dem Rücken? Teilen Sie alles mit, was Sie beobachtet haben.

VARIANTE:

Es kann zusätzlich eine Gruppe C gebildet werden, die als Beobachter fungiert. Natürlich muß diese Gruppe eigens in ihre Rolle eingewiesen werden.

NIVEAU: ★★★

LERNZIELE: kursorisches und intensives Lesen; gezielt ausgewählte Grammatik- oder Wortschatzarbeit

MATERIAL: verschiedene Zeitungstexte

VORBEREITUNG:

Legen Sie fest, welche Art von Vokabular (bestimmtes Sach- oder Wortfeld, Fremdwörter etc.) oder welches Grammatikphänomen (z.B. Verben, Präpositionen etc.) Sie bearbeiten möchten, und wählen Sie die Zeitungsartikel entsprechend aus.

UNTERRICHTSVERLAUF:

1. Teilen Sie die Klasse in Kleingruppen und geben Sie bekannt, welches sprachliche Lernziel Sie heute anstreben wollen.

Verteilen Sie die Zeitungstexte, so daß jede Gruppe eine Zeitungsseite hat. Bitten Sie die Lerner, einen Artikel auszuwählen, der viele Beispiele zu dem entsprechenden Wortschatz- oder Grammatikthema enthält.

2. Bitten Sie nun die Lerner, den gewählten Artikel gründlich durchzulesen und alle darin enthaltenen Wörter, die das anvisierte Material betreffen, so durchzustreichen, daß sie nicht mehr lesbar sind. (Gegebenenfalls kann der Text gekürzt werden.) Die durchgestrichenen Wörter werden von den Lernern auf einem Blatt Papier aufgelistet. Dabei empfiehlt es sich, sie zu numerieren und die entsprechende Nummer auch über die jeweilige Textlücke zu schreiben. Falls noch Unklarheiten bestehen sollten, kann das Wörterbuch bzw. die Grammatik zu Rate gezogen werden.

3. Bitten Sie nun die einzelnen Gruppen, ihre Texte auszutauschen und zu versuchen, die fehlenden Wörter zu ergänzen.

4. Anschließend treffen sich die „geprüften" Gruppen mit ihren „Prüfern" und besprechen ihre Aufgaben. Wie nahe kommen die gefundenen Lösungen an die Originalversion heran? Haben einige der vorgeschlagenen Wörter den Inhalt oder die Stilebene des Textes verändert?

NIVEAU:	✶ ✶ ✶
LERNZIELE:	Hörverstehen; Erkennen und Wiedergeben affektiv geprägter Ausdrücke, Registerbestimmung; Intonation
MATERIAL:	kurzer, emotional gefärbter Dialog auf Cassette (eventuell Lehrbuchdialog), Cassettenrecorder

Gegebenenfalls kann auch eine Videosequenz eingesetzt werden, sofern ein Videorecorder vorhanden ist.

UNTERRICHTSVERLAUF:

1. Teilen Sie den Lernern mit, daß Sie einen kurzen Dialog vorspielen werden. Wenn Sie möchten, können Sie den Inhalt des Textes kurz erläutern. Sagen Sie den Lernern, sie sollten auf folgende Punkte besonders achten:
– Wer sind die Dialogpartner?
– In welcher Beziehung stehen sie zueinander?
– Wo findet das Gespräch statt?

Lassen Sie dann die Lerner – am besten zu zweit – darüber diskutieren, welche Gefühle im Gespräch zum Ausdruck gebracht werden.

2. Sagen Sie nun, daß Sie den Text nochmals vorspielen werden und daß es nun darum geht, die im Text zum Ausdruck kommenden Gefühle aufzuzeichnen.

Zeichnen Sie nachstehende Grafik an die Tafel. Bitten Sie die Lerner, diese in ihr Heft zu übertragen und während des Anhörens des Textes – am besten mit zwei verschiedenen Farbstiften – die Gefühle der beiden Gesprächspartner in ihrem Verlauf nachzuzeichnen.

Machen Sie die Lerner darauf aufmerksam, daß Sie den Dialog so oft abspielen, wie es gewünscht wird, und daß die Eintragungen daher in Ruhe und mit Sorgfalt gemacht werden können.

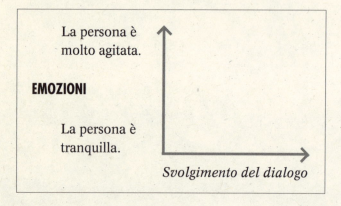

3. Lassen Sie die Lerner wieder paarweise arbeiten und fordern Sie sie auf, die Zeichnungen zu vergleichen und zu kommentieren. Dabei soll über die zum Ausdruck kommenden Gefühle gesprochen werden, z.B.: *Questo è il momento in cui lei si mette a gridare e a dire che non lo sopporta più.*

4. Spielen Sie jetzt den Dialog nochmals vor und fordern Sie die Lerner auf, die wichtigsten Sätze in die Grafik einzutragen. Dies kann zu zweit oder auch in Einzelarbeit geschehen. Zögern Sie nicht, den Dialog sooft vorzuspielen, wie die Lerner es wünschen.

Bitten Sie dann einen Lerner, an die Tafel zu gehen und die von ihm festgehaltenen Sätze in die Grafik einzutragen. Sprechen Sie darüber mit der Klasse und lassen Sie gegebenenfalls Ergänzungen und Korrekturen vornehmen.

Besprechen Sie das verwendete Sprachregister und machen Sie die Lerner auf die Intonation aufmerksam.

5. Im Anschluß daran können affektiv geprägte Ausdrücke gesammelt und Intonationsübungen gemacht werden. Hier einige Beispiele:
– *Non ce la faccio più!*   – *Ma scherziamo...*
– *Ma che stai dicendo?*   – *Ma neanche per idea!*
– *Ma vai al diavolo!*   – *Ce l'ho fatta!*
– *Accidenti!*   – *Me ne frego!*

Lassen Sie die Lerner die Ausdrücke mit entsprechender Intonation vortragen und klären Sie jeweils das Sprachniveau und den emotionalen Gehalt dieser Redemittel.

Zum Abschluß werden in Partnerarbeit kleine Alltagssituationen simuliert, in denen jeweils einer der erwähnten Ausdrücke Verwendung findet.

NIVEAU: ★★★ bis ★★★★

LERNZIELE: Hörverstehen, Notizen machen, rekonstruieren, zusammenfassen

MATERIAL: Cassettenrecorder, Cassettenaufnahme einer kurzen Nachrichtensendung

VORBEREITUNG:

Überspielen Sie eine kurze Nachrichtensendung auf Cassette. Sie sollte etwa 6-8 Themenschwerpunkte enthalten. Wenn Sie keine Gelegenheit haben, einen italienischen Rundfunksender zu empfangen, stellen Sie – mit Hilfe der Zeitung – selbst eine Nachrichtensendung zusammen und sprechen sie auf Cassette.

UNTERRICHTSVERLAUF:

1. Schreiben Sie die Themenschwerpunkte an die Tafel, z.B.:
L'Onu in fuga sotto il fuoco serbo
Un vaccino contro l'Aids?
La mafia cinese a Roma...etc.

2. Teilen Sie die Klasse in Zweiergruppen. Bitten Sie jedes Paar, einen der Themenschwerpunkte auszuwählen und dann die Nachrichtensendung anzuhören, in der die angegebenen Themen behandelt werden.

3. Spielen Sie die Nachrichtensendung einmal ohne Unterbrechung vor. Spielen Sie sie dann ein zweites Mal vor und fordern Sie die Lerner auf, ihre Aufmerksamkeit auf das von ihnen gewählte Thema zu konzentrieren und dazu schriftliche Notizen zu machen. Wenn es sich anbietet, klären Sie aufkommende Vokabelfragen. Spielen Sie die einzelnen Themenschwerpunkte oder die ganze Sendung sooft vor, wie es notwendig erscheint.

4. Lassen Sie nun die Partner einige Minuten lang ihre Aufzeichnungen vergleichen und besprechen und schließlich eine gemeinsame Version des Themenschwerpunktes erstellen.

Während dieser Vorbereitungsarbeit gehen Sie umher und helfen beim Formulieren des Textes.

5. Die Lerner versammeln sich wieder im Plenum. Einer der Partner stellt sich als „Sprecher" zur Verfügung. Es geht nun darum, die Nachrichtensendung Punkt für Punkt zu rekonstruieren und entsprechend vorzutragen.

6. Spielen Sie die Originalversion ein letztes Mal vor.

7. Zum Abschluß erstellen die Lerner eine endgültige Fassung ihrer Ausführungen. Das kann sowohl in der Unterrichtsstunde als auch zu Hause gemacht werden.

NIVEAU: ✱✱✱ bis ✱✱✱✱
LERNZIELE: Hörverstehen, Nacherzählen

VORBEREITUNG:

Lernen Sie eine Geschichte auswendig, so daß Sie sie mehrmals möglichst unverändert erzählen können. Wichtig ist, daß in dieser Geschichte mehrere Personen vorkommen. Beispielsweise eignet sich dafür das Märchen *La donna e il leone* auf Seite 124.

UNTERRICHTSVERLAUF:

1. Erzählen Sie die Geschichte.

2. Die Lerner bilden Kleingruppen, wobei die Anzahl der Gruppenteilnehmer der Anzahl der Personen entsprechen soll, die in der Geschichte vorkommen.

3. Lassen Sie nun die Lerner entscheiden, welche Rolle sie übernehmen wollen. (Gegebenenfalls kann ein Teilnehmer auch zwei Rollen übernehmen.)

4. Erklären Sie nun den Lernern, daß Sie die Geschichte nochmals erzählen werden und daß sie währenddessen ihre jeweilige Rolle mimisch darstellen sollen. Sie erzählen dann die Geschichte zum zweiten Mal.

5. Während Sie die Geschichte ein drittes Mal erzählen, machen die Lerner die Geräusche, die ihren Rollen entsprechen.

6. Beim vierten Erzählen machen Sie häufig kleine Pausen und lassen kurze Textstellen aus. Die Lerner ergänzen die fehlenden Wörter.

7. Dann erzählen Sie die Geschichte ein fünftes Mal und lassen alle Dialoge (direkte und indirekte Rede) aus. Die Lerner fügen sie ein.

8. Erzählen Sie die Geschichte ein sechstes Mal; dabei erweitern Sie die Lücken und verlängern die Pausen. Die Lerner ergänzen entsprechend.

9. Nun bitten Sie die Gruppen, die Geschichte zu spielen. Ein Gruppenmitglied kann jeweils die verbindenden Worte sprechen. Geben Sie die Anregung, einen Teil der Geschichte – vielleicht den Schluß – abzuändern. Während eine Gruppe die Geschichte den anderen vorspielt, erzählen Sie sie ein weiteres Mal. Auch wenn es den Anschein hat, daß niemand zuhört, ist Ihr Vortrag für das Spiel dennoch förderlich.

NIVEAU:	★★★★
LERNZIELE:	Wortschatzerweiterung, Benutzung eines zweisprachigen Wörterbuchs
MATERIAL:	Kopien des Textes und der beiden Wortlisten (siehe: Vorbereitung); mehrere zweisprachige Wörterbücher; Tipp-Ex

Diese Übung eignet sich nur für sprachlich homogene Klassen.

VORBEREITUNG:

1. Wählen Sie einen Text, der dem sprachlichen Niveau der Lerner entspricht und inhaltlich interessant ist. Er sollte etwa eine Seite lang sein.

2. Löschen Sie mit Tipp-Ex 10 bis 20 Wörter, die – aus dem Kontext genommen – möglichst mehrdeutig sind; z.B.: *sono, danno, perché, che, lo, le, ci, ragazzo, comune, porta, corso, perdono* etc.

3. Schreiben Sie die gelöschten Wörter in beliebiger Reihenfolge auf ein separates Blatt Papier und verteilen Sie sie über die ganze Seite (Wortliste 1).

4. Schreiben Sie auf eine weiteres Blatt Papier die deutsche Entsprechung der betreffenden Wörter. Dabei soll die Übersetzung die Bedeutung im gegebenen Kontext wiedergeben. Die Anordnung der deutschen Wörter auf dem Blatt (Wortliste 2) soll jedoch nicht derjenigen der von Wortliste 1 entsprechen.

5. Fertigen Sie Kopien des Textes und der beiden Wortlisten an.

UNTERRICHTSVERLAUF:

1. Teilen Sie die Klasse in zwei Gruppen und geben Sie einer Gruppe Kopien von Wortliste 1 und der anderen Gruppe Kopien der Wortliste 2. Machen sie nun beiden Gruppen den Vorschlag, sich möglichst viele Übersetzungen zu den betreffenden italienischen bzw. deutschen Wörtern auszudenken.

Beispielsweise kann *corso* „Kurs" bedeuten, einen Typ von „Straße" meinen, den Einwohner von Korsika bezeichnen oder das Partizip Perfekt von *correre* darstellen. Welche möglichen Übersetzungen bieten sich hier an?

Andererseits kann *Kurs* zwar „corso" entsprechen, muß aber in anderen Fällen mit „cambio" oder „rotta" wiedergegeben werden.

Die gefundenen Entsprechungen werden rund um das betreffende Wort auf die jeweilige Liste geschrieben. Die Benutzung von Wörterbüchern ist erlaubt.

2. Daraufhin sucht sich jeder Lerner einen Partner aus der anderen Gruppe und vergleicht, bespricht und ergänzt die eigene Liste.

3. Eine anschließende Diskussion im Plenum dient zur Verifizierung und Korrektur.

4. Fragen Sie nun die Klasse, welchen Inhalt der Text, dem die Wörter entnommen sind, haben könnte. Je zwei Lerner besprechen sich darüber und teilen dann ihre Überlegungen dem Plenum mit.

5. Verteilen Sie nun den vorbereiteten Text (mit den Lücken) und lassen Sie die Lerner die fehlenden Wörter (unter Verwendung von Wortliste 1) einfügen. Es sollen alle möglichen Alternativen erwogen und im Hinblick auf den Kontext angenommen bzw. verworfen werden.

6. Zum Abschluß teilen Sie der Klasse mit, wie die Wörter im Originaltext verteilt sind.

85

NIVEAU: ★★★★
LERNZIELE: diskutieren
MATERIAL: ein Würfel für je 7 Lerner

UNTERRICHTSVERLAUF:

1. Schreiben Sie nachstehende Tabelle an die Tafel und erklären Sie das Spiel den Lernern wie folgt.

Gewürfelte Zahl	Sprechzeit	Gesprächsthema	Zahl der Gesprächspartner
	1 Min.	la mia famiglia	7
	2 Min.	la cucina	6
	3 Min.	la mia casa	5
	4 Min.	le lingue straniere	4
	5 Min.	la nostra città	3
	6 Min.	il mio lavoro	2

2. Es geht darum, jeweils ein bestimmtes Thema innerhalb einer bestimmten Zeitspanne mit einer bestimmten Anzahl von Personen zu diskutieren. Das geht so vor sich:

Der erste Lerner ermittelt die Sprechzeit: würfelt er beispielsweise ⚄, wird das Gespräch 5 Minuten lang sein.

Der zweite Lerner legt das Thema fest: würfelt er ⚀, wird über das Essen diskutiert.

Der dritte Lerner bestimmt, wieviele Personen am Gespräch teilnehmen: würfelt er ⚃, wird zu viert diskutiert, und dieser Lerner wählt sich die anderen drei Gesprächspartner.

Wenn wir von diesem Beispiel ausgehen, diskutieren also 4 Lerner 5 Minuten lang über das Thema Essen. Um den Einstieg zu erleichtern und das Gespräch in Gang zu bringen, können Sie eine provozierende Frage stellen.

3. Die anderen Lerner verfolgen die Diskussion und achten darauf, daß nicht vom Thema abgewichen wird. Einer der Lerner sollte die Einhaltung der Sprechzeit überprüfen. Nach jedem Gespräch kommentieren die Zuhörer Inhalt und Ablauf des Gesprächs.

Es ist durchaus ausreichend, wenn in einer Unterrichtsstunde zwei oder drei Runden gespielt werden. Als Lehrer werden Sie sich bei den Gesprächen zwar möglichst im Hintergrund halten, Sie sollten aber dennoch den Diskussionsablauf genau verfolgen.

NIVEAU:	★★★★
LERNZIELE:	Vergangenes berichten, begründen, überzeugen (Rollenspiel)
MATERIAL:	Overheadprojektor, Folie

VORBEREITUNG:

Fertigen Sie eine Folie der Abbildung auf S. 122 und schneiden Sie die 5 Vignetten aus.

UNTERRICHTSVERLAUF:

1. Legen Sie die Folie mit dem Straßenverlauf auf den Projektor. Setzen Sie nun die Radfahrerin an die geeignete Stelle, erzählen Sie dann folgende Geschichte und fügen Sie dabei nach und nach die weiteren Vignetten hinzu, um zu zeigen, wie es zu dem Unfall kam.

Un giorno Maria stava pedalando lungo una piccola strada di campagna. La giornata di lavoro era stata lunga e faticosa e adesso non vedeva l'ora di essere a casa e di recuperare un po' di energia con una buona cena. Si perdeva nei suoi sogni badando poco ai segnali stradali. Infatti, quando arrivava ad uno STOP, non si fermava. Così il camion, pur non andando molto veloce, se la trovò improvvisamente davanti e non riuscì a frenare in tempo. Nello scontro Maria rimase gravemente ferita.
La signora Bruni, che stava alla fermata dell'autobus, aveva visto tutto. Anche il signor Vitti, che guidava la sua macchina nella direzione opposta, era stato testimone dell'incidente.

2. Bitten Sie einen der Lerner, nach vorne zu kommen, die Vignetten zu verschieben und die Geschichte neu zu erzählen. Die anderen Teilnehmer korrigieren inhaltliche und sprachliche Fehler. (Dieser Teil der Übung sollte nicht mehr als 5 Minuten beanspruchen.)

3. Inszenieren Sie nun ein Rollenspiel auf der Grundlage dieser Geschichte. Verteilen Sie die Rollen von Maria, dem Lastwagenfahrer, Frau Bruni und Herrn Vitti. Die übrigen Lerner übernehmen die Rolle von Polizisten. (Wenn die Klasse sehr groß ist, bilden Sie am besten zwei Spielgruppen.)

Schicken Sie die beiden Zeugen in verschiedene Ecken des Unterrichtsraums und lassen Sie die Polizisten zu ihnen gehen, um sie zu interviewen. Jeder Polizist sollte ein schriftliches Protokoll über die Interviews anfertigen.

Nehmen Sie Maria und Frau Bruni zur Seite und flüstern Sie ihnen zu, sie sollten darauf bestehen, daß Maria *nicht schuld* sei. Sie sollten z.B. sagen, daß sie angehalten habe, daß der Lastwagenfahrer betrunken gewesen sei, daß Frau Bruni nichts gesehen habe, da sie kurzsichtig sei usw.

4. Inszenieren Sie nun eine Gerichtsverhandlung. (Wenn Sie zwei Spielgruppen haben, sollten die Szenen nacheinander gespielt werden, da genügend Platz vorhanden sein muß.)

Die Polizisten verlesen ihre Protokolle, und alle Beteiligten versuchen, den Richter davon zu überzeugen, daß ihre Darstellung die richtige ist. (Die Rolle des Richters wird entweder von Ihnen gespielt, oder aber – im Idealfall – von einem Außenstehenden, der nichts über den Unfall weiß.) Dabei ergeben sich meist lebhafte Auseinandersetzungen, da jeder seine Version von Wahrheit durchzusetzen versucht.

Nach dem Spiel kann die Übung mit einer Diskussion über die erlebte Thematik abgeschlossen werden.

NIVEAU: ★★★★
LERNZIELE: Hörverstehen, Märchenschluß erfinden
MATERIAL: Märchen, Fabel oder Geschichte (vgl. das Märchen auf Seite 124)

VORBEREITUNG:

Lesen Sie den Text auf Seite 124 zuerst einmal leise und dann einige Male laut, bis Sie sich in der Lage fühlen, die Geschichte lebendig vorzutragen.

UNTERRICHTSVERLAUF:

1. Führen Sie das unbekannte Vokabular ein und bereiten Sie die Atmosphäre für den Text vor.

2. Lesen Sie den Text. Nutzen Sie die Möglichkeiten von Pausen und Gesten, um die Aufmerksamkeit der Hörer zu erhöhen. Versuchen Sie, möglichst oft den Kopf zu heben und Augenkontakt mit den Lernern herzustellen.

3. Wenn Sie mit der Lektüre zu Ende sind, bitten Sie die Lerner, in Zweier- oder Dreiergruppen die Geschichte zu Ende zu bringen.

4. Sobald die Gruppen ihre Arbeit beendet haben, lesen Sie den letzten Satz der Geschichte: *Il giovane lo vide, si diresse verso la porta destra e l'aprì* ... nochmals vor und lassen die Gruppen reihum ihre Versionen anfügen.

5. Die Diskussion über die verschiedenen Versionen kann zu weiteren Gesprächsthemen (Lieblingsmärchen etc.) führen.

VARIANTE:

Wenn Sie es vermeiden wollen, daß sich die Lerner veranlaßt sehen, die Geschichte im *passato remoto* fortzuführen, so verwandeln Sie die letzten Sätze des Märchens in das historische Präsens: *La principessa esita un momento. Poi si decide e* .... Auf diese Weise kann die Geschichte im Präsens zu Ende erzählt werden.

La donna e il leone

C'era una volta in Africa un re dai costumi molto strani. Per esempio aveva un suo modo particolare per decidere se un prigioniero fosse colpevole o meno. Quando un cittadino era accusato di un delitto grave, il re voleva che l'accusato venisse condannato o assolto in presenza di tutto il popolo.

Quando veniva il giorno del giudizio, il re, la sua corte e tutto il popolo si radunavano su una collina. Di fronte alla collina c'era una grande casa con due porte: una a destra e l'altra a sinistra. Ad un segno del re l'accusato doveva avvicinarsi ad una delle porte ed aprirla. Dietro una delle porte c'era un leone affamato, pronto a divorare il colpevole. Dietro l'altra porta invece c'era una bellissima donna promessa in matrimonio all'accusato innocente.

Il sistema sembrava molto onesto al re in quanto l'accusato poteva decidere della propria sorte: apriva semplicemente una porta e si trovava o divorato o ammogliato.

Ora successe che la figlia prediletta del re si innamorò di un povero giovane soldato. Quando il re venne a conoscenza di questo fatto, mise in prigione il giovane e stabilì che dovesse essere giudicato. Poi fece cercare il leone più potente e la donna più bella del regno.

Arrivò il giorno del giudizio. Il giovane venne avanti ed era così gentile e bello che la gente lo salutava con simpatia e apprensione. Il giovane si inchinò davanti al re, ma il suo sguardo andava verso la principessa che era seduta al fianco del re. Il povero soldato capì che la principessa sapeva dov'era il leone e dove la donna. Non c'era tempo da perdere. I suoi occhi le chiedevano: „Quale porta devo prendere?"

La principessa sapeva che suo padre aveva scelto la donna più bella del regno e in passato lei aveva visto la donna lanciare sguardi di ammirazione verso il soldato. Qualche volta le sembrava pure che questi sguardi fossero ricambiati. Come poteva sopportare di dover cedere il suo amato ad un'altra donna? E come poteva sopportare di vederlo divorato da un leone? La principessa esitò un momento. Poi si decise e strizzò l'occhio destro. Il giovane lo vide, si diresse verso la porta destra e l'aprì...

(Frei nach
Frank R. Stockton,
The Lady and the Tiger)

NIVEAU: ★★★★

LERNZIELE: Textproduktion

VORBEREITUNG:

Bereiten Sie zehn Verständnisfragen vor, wie sie für Standard-Textaufgaben üblich sind. Sie können sich auf einen Lehrbuchtext beziehen oder auch keinen Text zugrunde legen. Verwenden Sie reichlich Sprachmaterial (Vokabular und Grammatik), das Sie üben oder wiederholen möchten. Passen Sie den Schwierigkeitsgrad der Fragen dem Lernniveau der Klasse an.

Hier eine Sammlung von Fragen, die auf keinen Text bezogen sind:
1. *Perché Roberto era così fuori di sé quando è tornato al suo paese?*
2. *Era sorpreso di trovare il villaggio completamente deserto? Perché?*
3. *Lo scittore dà tre motivi per i quali il villaggio è stato abbandonato. Ne può indicare almeno due?*
4. *Che cosa ha scoperto Roberto quando ha aperto la porta della sua casa?*
5. *Che cosa avrebbe fatto Lei in queste circostanze? E che cosa ha fatto Roberto?*
6. *Quale delle ragazze era una persona reale e quale era frutto dell'immaginazione di Roberto?*
7. *Che cosa ha fatto capire a Roberto che c'era qualcosa di strano?*
8. *Secondo Lei la sua violenza era giustificata? Perché?*
9. *Quante persone vive sono state trovate prima della notte e che cosa è successo con i morti?*
10. *Quale potrebbe essere il titolo di questo testo?*

UNTERRICHTSVERLAUF:

1. Erinnern Sie die Lerner an die Technik der Textaufgaben (Lesen eines Textes und Beantwortung von Verständnisfragen), und erklären Sie ihnen, daß sie nun die Übung sozusagen von hinten aufrollen werden.

2. Legen Sie den Lernern die von Ihnen vorbereiteten Fragen vor. Sie können sie entweder an die Tafel schreiben oder Kopien verteilen. Sagen Sie nun den Lernern, daß sie nicht die Fragen beantworten, sondern vielmehr den Text schreiben sollen, auf den sich die Fragen beziehen könnten. Erläutern Sie auch, daß der Text so verfaßt sein muß, daß jede der Fragen beantwortet werden kann. (Das gibt den Lernern die Gelegenheit, innerhalb des von Ihnen gesetzten Rahmens ihre Phantasie spielen zu lassen.)

3. Wenn die Texte fertiggestellt sind, werden sie laut vorgelesen. Wahrscheinlich wird es viele Ähnlichkeiten, aber auch viele unterschiedliche Inhalte geben. Lassen Sie die Lerner darüber diskutieren und ihre Arbeiten vergleichen.

4. Wenn Sie Ihre Fragen auf einen tatsächlichen Text bezogen haben, lesen Sie diesen nun laut vor, schreiben ihn an die Tafel oder verteilen ihn auf fotokopierten Blättern. Diskutieren Sie dann darüber, wie sich das Original zu den Textversionen der Lerner verhält.

Wenn Sie keinen Text zugrunde gelegt haben, müssen Sie das jetzt eingestehen. Es ist jedoch zu berücksichtigen, daß ein gewisser Frust aufkommen kann, wenn die Lerner erfahren, daß es gar keinen Ausgangstext gibt. Daher muß bei der Präsentation der Fragen und bei der Erläuterung der Aufgabenstellung darauf geachtet werden, daß die Lerner im Nachhinein nicht das Gefühl bekommen, angelogen worden zu sein.

MINI-REZEPTE

1. Faccia una lista di quello che desidera nella vita. Quali dei Suoi sogni sono irrealizzabili? Lo sono veramente?

2. Domani il postino Le porterà una lettera che per Lei sarà una gioia immensa. Di chi è la lettera e che cosa dice?

3. Se Lei per un giorno potesse governare il mondo ...

4. Racconti la storia dei Suoi capelli. Quando ha cambiato pettinatura, e perché?

5. Descriva il Suo capo d'abbigliamento preferito. Quando e come l'ha avuto? Perché Le piace?

6. Descriva il professore che L'ha impressionato di più nella Sua vita.

7. Immagini di essere su un' isola deserta. Quale film vorrebbe vedere?

8. Pensi a dieci domande alle quali Lei personalmente non vorrebbe rispondere.

9. Faccia delle frasi con le lettere della città in cui è nato/a. Per esempio: Domani Roberto E Sandro Diventeranno Amici.

10. Quante parole italiane si possono costruire con le lettere del Suo nome?

11. Ha cinque minuti a disposizione: quante parole italiane Le vengono in mente? Le scriva e le scambi con il Suo vicino.

12. Ecco una frase (estratta da un testo conosciuto). Vi apporti cinque cambiamenti senza cambiarne il senso.

13. Spieghi le regole di un gioco o di uno sport. Quali delle regole vorrebbe cambiare?

14. Lei deve imballare un regalo per un Suo amico. Spieghi dettagliatamente come fa il pacco.

15. Da una frase lunga e complessa tolga prima una parola, poi un'altra parola, poi una terza e così via. Attenzione: La frase dev'essere sempre sintatticamente corretta!

16. Ad una frase corta (3-5 parole) aggiunga una parola dopo l'altra. Stia attento/a che la frase sia sempre sintatticamente corretta.

17. Pensi a dieci modi diversi per migliorare il Suo italiano.

18. Faccia un disegno passo per passo. Ad ogni tappa chieda ai suoi compagni di indovinare di che cosa si tratta.

19. Racconti una barzelletta a un Suo compagno. Lui/Lei la riferirà alla classe usando il discorso indiretto.

REGISTER

Die Zahlen beziehen sich auf die Nummer der jeweiligen Übung.

Affektive Ausdrucksweise: 81
Angaben zur Person machen: 3; 22; 35; 50; 52
Ansichten äußern: 63; 78
Anweisungen geben: 11; 44
Aussprache: 14

Begründen: 19; 25; 26; 42; 78; 86
Behaupten: 72; 73; 79; 86
Beschreiben: 34; 40; 41; 42; 43; 52; 70
    Personen beschreiben: 52
Besitzer (den ... angeben): 31
Betonung/Satzmelodie: 14; 81
Briefe schreiben: 35; 36; 37; 77
    Handschriften entziffern: 35

● *c'è/ci sono*: 12; 20

Definieren: 33
Diskutieren: 28; 30; 63; 77; 78; 79; 85

Erzählen: 3; 34; 56; 83; 86; 87
    Nacherzählen: 56; 83

Fragen stellen bzw. beantworten: 1; 7; 8; 12; 17; 20; 22; 23; 28; 29; 32; 38; 42; 44; 47; 50; 54; 67
    Fragen zu einem Bild: 12; 20; 42
    persönliche Fragen: 1; 8 (Variante); 23; 50
    situationsgerechte Fragen: 7; 8
    Scherzfragen: 51
    Verständnisfragen zu einem Text formulieren: 47; 76
Fragewörter: 7; 8

● Gefallen/Mißfallen äußern: 10; 25
● Gerundium: 34
Grammatik: 3; 4; 6; 11; 12; 13; 20; 29; 30; 41; 43; 50; 54; 58; 69; 80; 88
    Grammatik nach Wahl: 30; 54; 58; 69; 88

Hörverstehen: 46; 47; 48; 56; 57; 81; 82; 83; 87
    selektives Hören: 46
Hypothesen aufstellen: 67; 68

Imperativ: 11; 44; 72; 73
Imperfetto: 83; 86; 87
Informationen weitergeben: 8; 13; 56; 82
Interessen (über eigene ... sprechen): 27
Intonation: 14; 81

Konditional: 49; 67; 68
Konsequenzen aufzeigen: 68

Kreatives Schreiben: 3; 5; 39; 45; 59; 60; 61; 62; 64; 87; 88

Landeskunde: 13
Leseverstehen: 47 (Variante); 57; 58; 75; 76; 77
    intensives Lesen: 47 (Variante); 58; 75; 76; 77
    kursorisches Lesen: 57; 75

Notizen machen: 22; 46; 48; 82

Orientierung im Raum: 11; 44
Ortsadverbien und -präpositionen: 11; 12; 20; 40; 41; 43; 44; 70

Passato prossimo: 3; 4; 8; 13; 29; 34; 69
Passato remoto: 83; 87
Persönliche Erfahrungen (über ... sprechen): 53
Präpositionen; 4; 11; 12; 20; 40; 41; 43; 44; 70; 80

Ratschläge erteilen: 49; 77
Räumliche Beziehungen erklären: 11; 41 (Variante); 43; 44; 70
Rechenoperationen: 18
Rollenspiel: 40; 63; 86

Sätze bilden: 5; 6; 14; 28; 45; 55; 64; 65; 66
    Satzbau: 6; 55; 64
    Sätze umformulieren: 65
Spiele: 7; 16; 17; 18; 51

Tagesablauf (über den ... berichten): 3; 4
Telegramm: 36
Telefon: 36; 53
Textproduktion: 19; 35; 36; 37; 38; 39; 40; 52; 53; 59; 60; 61; 62; 65; 69; 71; 72; 73; 74; 82; 87; 88
    Dialog erstellen: 19; 36; 38; 39; 40
Textrekonstruktion: 15; 46; 58; 69; 74; 80; 84
Textsortenspezifische Ausdrucksweise/Register: 36; 81
Thema (über ein ... referieren): 27

Übersetzen: 2; 84
Überzeugen: 72; 73; 79; 86
Übungen mit Bildmaterial: 3; 19; 20; 25; 34; 35; 42; 43; 44; 52; 59; 60; 63; 71; 72; 78
    mit Bewegung im Klassenraum: 9; 11; 12; 13; 44; 49; 51; 66
    mit Cassette: 15; (38); (46); 47; 48; (56); 57; 81
    mit Gegenständen: 10; 31
    mit Kärtchen: 5; 6; 12; 13; 28; 33; 38; 45; 49; 50; 51; 60; 65; 66

Übungen mit
   mit Texten: 35; 46; 56; 57; 58; 64; 65; 69; 74; 75; 76; 77; 80; 84
   in Verbindung mit Material aus dem Lehrbuch: 24; 46; 47 (Variante); 48; 56; 57; 65; 76
   bei denen gezeichnet wird: 4; 39; 40; 70; 71
Uhrzeit: 9
Umschreiben: 33
Unterrichtserwartungen (über ... sprechen): 63

Verabredungen treffen: 9
Vergangenes erzählen: 3; 34; 56; 83; 86; 87
Vermutungen äußern: 19; 22; 26; 31; 32; 34; 35; 38; 52; 71; 78; 84
Vorlieben äußern: 63; 78

Warm-up/Eisbrecher: 1; 2; 22
Wortakzent: 14 (Variante)
Wortschatz: 5; 10 (Variante); 16; 17; 20; 21; 27; 28; 31; 32; 33; 42; 43; 45; 49; 52; 58; 59; 61; 66; 69; 80; 84
leicht verwechselbare Wörter: 66
mehrdeutige Wörter: 84
Wörter assoziieren: 61; 62
Wortgruppen klassifizieren: 32; 33; 62
Wörterbucharbeit: 58; 72; 76; 84
Wortfeld Berufe: 28
Wortfeld Familie: 50
Wortfeld Farben: 12
Wortfeld geografische Begriffe: 43
Wortfeld Gesundheit: 49
Wortfeld Hobby: 27
Wortfeld Körperteile: 16
Wortfeld Natur: 12
Wortfeld Personenbeschreibung: 52
Wortfeld Wohnen: 12; 20; 40; 41

Zahlen: 13; 18
Zeiten (Gebrauch der ....): 34; 58; 69; 80
Zusammenfassen: 48